U0726776

广告视觉设计

主　编　吕　南

吉林出版集团股份有限公司

图书在版编目（CIP）数据

广告视觉设计 / 吕南主编. — 长春：吉林出版集团股份有限公司，2024.4
ISBN 978-7-5731-4855-1

Ⅰ.①广… Ⅱ.①吕… Ⅲ.①广告－设计 Ⅳ.①J524.3

中国国家版本馆CIP数据核字（2024）第081646号

广告视觉设计
GUANGGAO SHIJUE SHEJI

主　　编	吕　南
责任编辑	曲珊珊　张继玲
封面设计	牧野春晖
开　　本	710mm×1000mm1/16
字　　数	200 千
印　　张	11
版　　次	2025 年 1 月第 1 版
印　　次	2025 年 1 月第 1 次印刷
出版发行	吉林出版集团股份有限公司
电　　话	总编办：010-63109269
	发行部：010-63109269
印　　刷	三河市悦鑫印务有限公司

ISBN 978-7-5731-4855-1　　　　　　　　定价：78.00 元

前　言

　　随着社会的发展和科技的进步，广告视觉设计也在不断演变和创新。从传统的平面广告到现在的多媒体广告，广告视觉设计已经成为广告创意的核心要素之一。在广告视觉设计中，设计师需要考虑到目标受众的审美需求、产品或服务的特点以及广告主的品牌形象等因素，以创造出具有吸引力的视觉效果。广告视觉设计的成功与否不仅取决于设计师的创意和技巧，还取决于广告主的需求和目标受众的接受程度，因为广告视觉设计不仅仅是为了吸引消费者的注意，更重要的是传达品牌的信息和核心价值观。通过精心选择和组合视觉元素，广告设计师能够将品牌的理念、产品特点以及消费者的需求融入广告中，促使消费者理解和认同品牌的核心价值。

　　本书重点研究广告视觉设计，分析广告展示的多样性以及视觉设计的重要性。本书首先概述了广告设计的内涵、特征、原则，探究广告视觉设计的基础，对广告设计语言、构成以及性质展开研究；其次研究了广告视觉设计开展的前期工作，对广告设计市场调研、分析、定位以及策划标准展开研究；最后论述了广告视觉插图设计、广告视觉标志设计、广告视觉编排设计、广告视觉立体设计以及广告设计的核心准则与发展前景。

　　本书在编写过程中引用和参阅了国内外相关文献，在此，向这些作者表达最诚挚的谢意。由于编者水平有限，书中难免存在疏漏之处，敬请广大读者批评指正。

吕　南

2024 年 1 月

目 录

第一章　广告设计

第一节　广告设计的内涵

一、广告设计的概念

广告设计是指通过创意和艺术手段，将产品、服务或品牌的信息传达给目标受众的过程。广告设计的目标是吸引消费者的注意，激发他们的兴趣，并最终促使他们采取购买行动。

广告设计的概念包括以下几个方面：

（1）创意思维：广告设计需要具备创意思维，能够从不同的角度和视角出发，为产品或服务找到独特的表达方式。创意思维可以通过观察、思考和灵感的碰撞来培养和发展。

（2）目标受众：广告设计需要针对特定的目标受众进行定位和传达。了解目标受众的需求、兴趣和行为习惯，可以帮助设计师更好地选择合适的创意和传播方式。

（3）品牌识别：广告设计需要与品牌形象保持一致，传达品牌的核心价值和个性。通过使用品牌的标志、颜色、字体等元素，可以帮助消费者快速识别和记忆品牌。

（4）传播媒介：广告设计需要考虑不同的传播媒介，如平面广告、电视广告、网络广告等。不同的媒介有不同的特点和限制，设计师需要根据媒介的特点来选择合适的设计元素和表达方式。

（5）情感共鸣：广告设计需要通过情感共鸣来吸引消费者的注意力。通过运用情感元素，如幽默、温情、激励等，可以让广告更加生动和有吸引力。

总之，广告设计是一门综合性的艺术和商业学科，需要设计师具备创意思维、对目标受众的洞察力和传播品牌的能力。通过精心设计的广告，可以有效地传达产品或服务的价值，吸引消费者的关注，并最终促使他们采取购买行动。

（一）从传播学视角认识广告设计

我们之所以从传播学的视角来认识广告设计，关键在于广告属于信息传播的范畴，而且主要是通过大众媒体传播信息。

首先，我们来认识一下媒介。"媒介"是传播信息的工具。传播媒介的发展受制于科学技术水平，如果没有造纸术、印刷术的发明，就不可能有印刷媒介产生；如果没有光电技术的发明创造，就不可能有广播、影视等电子媒介的出现和发展；如果没有数字技术的普及，就不可能出现今天的网络媒介。

西方研究媒介理论的著名理论家马歇尔·麦克卢汉认为：媒介即讯息。科学技术发展的历史证明，媒介文化经历了口头传播时代、文字产生时代、印刷媒介时代、电子时代四大时期。麦克卢汉从全新的角度去研究媒介对人类命运和历史进程的影响，他进一步强调研究媒介的重要性，指出"媒介即人的延伸"以及"电子媒介是中枢神经系统的延伸"。按照他的媒介理论，任何一种电子技术都是人的中枢神经系统的延伸，任何一种非电子技术都是人的肢体的延伸。正如他所认为的那样，电子媒介使人们重新体验部落化社会群居式生活。麦克卢汉的理论正是对数字化生存、信息高速公路、网络世界、虚拟世界、电脑空间的一种预言。从麦克卢汉的隐喻警句中不难理解这位"先知"认识媒介、研究媒介的敏感性、独创性。

也就是说，媒介形态的变化是在不断改变的环境中生存和进化着的。新媒介不但以"在技术上的优势而被广泛地采用"，而且"需要有机会，还要有刺激社会的、政治的或经济上的理由"这一机遇和需要。广告传播利用并适应媒介形式的发展，而媒介发展又得到广告收入的支持，体现了媒体传播和媒介运作的互动关系。

其次，来了解一下涉及媒介传播的三个基本要素，即传者、信息和受者。这三者的关系是传者通过某种方式把信息传递给受者。传者通过实施传播，即将其思想、观念通过编码形式变成语言、形象符号的变换过程，并通过媒体传播向受众传达思想和观念。从传播信息层面来讲，广告设计既是对信息的编制，又是对信息的控制，广告设计也是广告编码的过程。在商业活动中，广告信息不仅仅是有关商品的信息，还包括提供劳务和服务以及价值观念的有关信息。具体来说，广告除了宣传商品、劳务本身的信息，还包括宣传企业形象、企业理念和树立品牌形象等，甚至某些与企业有关的价值观念的内容。

广告信息具体可分为商品信息、劳务信息和观念信息。

商品信息主要包括消费商品和生产资料产品的性能、质量、用途、价格、卖点等。此类广告信息是以直接推销产品为目的的。劳务信息主要包括为生产和生活服务的信息，是指广告主可向社会或个人提供各种劳动服务的信息。观念信息主要包括企业理念和新的消费观念。企业理念是广告主通过广告宣传品牌理念，提高品牌在公众心目中的知名度，并由此树立品牌形象。新的消费观念是指向公众宣传新的消费观念，让消费者树立一种有利于广告主的观念，并按其观念产生某种消费行为。很显然，以上所说的广告信息是指广告主所要传递的信息。然而，实际上广告要传播的信息，必须考虑到消费者"所要"接收和"所能"接收的范畴，也就是说，有效的广告要确定"向谁说"和"说什么"。"向谁说"关系到受众目标是否有的放矢，是否了解消费者的目标市场，是否了解市场消费者和竞争对手等背景信息。"说什么"关系到广告主将哪些主要的信息传递给特定的目标受众。广告信息的接收者根据类型和对象，一般可分为消费者、工业用户、批发商和零售商。消费者接收的是消费品的广告信息，如日用消费品、特殊消费品等，还包括劳务市场的信息，如文化教育、交通运输、医疗卫生、饮食服务、旅游服务等。工业用户一般需要生产资料的广告信息，广告内容一般提供企业生产所需要的原材料、设备、机器配件、维护生产的消耗品等。批发商和零售商需要的是商品的种类、品牌价格、售点、联系方式等信息。

广告设计活动的实务经验告诉我们，一厢情愿地将广告信息强加给受众，往往使消费者产生某些抵触情绪。只有了解消费者的实际需求，选择并综合广告主"所要"传递的信息与消费者"所需"的信息，方能达到广告信息传播的最佳效果。

（二）从设计学视角认识广告设计

现代传播媒介的发展迫使广告设计必须适应新的传媒技术手段的

需要。因此，现代广告设计已不是印刷媒体技术的具体表现，而是平面设计向多媒体设计的延伸和拓展。

广告设计主要是针对平面和立体形式的静态广告，以及视听（电子媒体）动态广告而展开的设计活动，是根据广告策划而进行艺术设计的专业活动。它是在广告主题确定之后，设计者针对广告主题进行的一系列有效的创意、设计、制作、发布活动。一般来说，设计可分为广义的设计和狭义的设计。广义的设计是根据一定的目的要求，预先制订好构想方案。狭义的设计是指契合目的性的具体方案、图样等，如企业产品说明书或形象宣传手册，又如广告拍摄前的内容设计构想和设计草图。

平面广告设计主要是指通过平面形态的表现方式在平面空间中进行的设计活动。平面设计经历了从手绘图纸（通常指草图）到电脑画面的处理过程，设计师也从"纸上谈兵"发展到"排兵布阵"。凭借电脑技术，设计师可以在具体设计过程中不断尝试和探索，使原始创意发挥最佳作用。应该说，电脑画面中确定的平面设计方案，已经具备了完整方案的视觉效果，即最终的视觉效果。但电脑中的方案仍不是最终的广告作品，最后的广告作品必须经过后期制作。所以说，平面广告设计是一项具体化的设计活动，也是使广告作品趋向完美的重要环节。而电子媒体（视听）广告设计，主要是根据媒介特征，结合广告整体策划的要求，提出创意性的构想与设计。电子媒介广告需要复合型人才的合作，通常所说的设计仅指创意性的方案，即初创阶段的方案，简而言之，只是提供创意稿和草图而已。如电视广告设计，主要针对电视广告分镜头画稿的设计，包括镜头的内容、图像和文字说明、解说词和字幕、音乐效果以及时间长短等。真正要完成一部广告片，还必须经过找演员、选景、摄制、编辑、配音合成等一系列后续程序，并在导演的指挥下，通过工作人员的集体合作方能完成。

平面广告主要由印刷媒介进行设计制作，它的基本载体是纸张。平面广告设计涉及的形态、形式多种多样，但从设计角度来看，它涉及文字、图像、色彩和其他需要编排的内容。文字在平面广告设计中主要包括文案设计与字体设计两方面。广告文案一般由专门的文案撰稿人完成，文案设计一般称文案创意，它是广告创意的灵魂，是根据广告主题而设计的具有说服力的文案，主要包括标题、正文、口号等创意性文字内容，还包括附文中有关厂名、地址、电话等内容。字体设计需要根据广告内容、媒体特征与版面设计综合考虑选用适当的字体，标题、标语等一般以醒目大方为好，必要时根据整体需要进行艺术化处理。

图像是平面广告设计的重要内容，也是主要的视觉形象。图像是一种形象语言，是一种以像素为结构单位的信息内容，也是一种视觉符码，它是广告视觉叙事的基本要素。图像不仅包括由印刷媒体生产的图形、图画、图案、图表、影像等，也包括由电子技术制作和复制的影像（包括故事、人物、情节和场景，以及运动的画面、连续的动作和光影明暗、光色变化、字条字幕等）。

色彩的设计和运用在广告设计中有特殊的意义，它的色彩表现与企业形象或品牌形象有着密切的关系。在平面广告中要注意色彩的视觉效果，一方面要考虑色彩的明度和纯度的视觉关系，另一方面要注意色块与整体的面积对比关系。一般来说，户外展示的招贴画、广告牌这类视觉设计应加强色彩的纯度，以便在室外强烈的光照下保持色彩应有的刺激度。而中性甚至灰暗的色彩在户外广告中不宜大面积使用，以防广告画面暗淡无光。

在平面广告中，编排特别要注意体现形式美感的"构图"法则。编排既要注意人的视觉习惯和流畅性，注意避免图文无序化的拼凑；又要强调设计者的特殊感觉和个性发挥，使广告画面新颖别致，不落俗套。

二、广告设计的分类

广告设计主要指平面印刷类的平面广告设计、户外广告设计（包括户外广告媒体造型设计和广告画面设计）、POP（Point of Purchase Advertising）广告设计、多媒体广告设计、电视广告设计和网络广告设计。

（一）平面印刷类广告设计

印刷类广告主要是通过印刷技术手段复制、生产、制作并发布的，一般指报纸广告、杂志广告、招贴广告、DM（Direct Mail advertising）广告、包装广告等。事实上，完美的平面印刷广告是由诸多因素决定的，也是由创意、设计、制作等多个环节一起完成的。一方面，设计师必须结合文案创意来构思，挖掘广告主题并创造强有力的视觉形象，便于主题创意得到最充分的表现。另一方面，平面广告制作阶段的制版、印刷、装订等技术尤为重要，它直接关系到广告作品的质量和品质。

（二）户外广告设计

作为广告信息传播的载体，户外广告出现在每一个城市中，同时，它又作为城市环境中的景观，给人一种点缀城市、美化环境的直观印象。

首先，户外媒体承载的广告信息与受众的瞬间视觉效果密切相关，它强调的是瞬间的视觉冲击力。大多数户外广告被留意的时间只有几秒钟，户外广告通过对文字、图形、色彩和编排的设计，力求强化人们的识别和记忆。因此，简单明了是户外广告设计的基本原则。

其次，户外媒体广告视觉设计不同于印刷媒体，如报纸、杂志广告，它强调的是户外环境的视觉效果。一方面，广告画面保证了清晰精美的视觉体验；另一方面广告画面要适应电子技术的新形式，展示出新广告媒体的视觉魅力。

最后，户外媒体广告形式要考虑环境与广告的关系。户外广告要想成为城市中一道亮丽的景观，可从造型和画面去体现，充分展示户外媒体广告造型的魅力。户外媒体造型力求新颖大方，要与建筑造型风格相协调，成为城市中的现代景观。

（三）POP广告设计

POP广告是在营业现场设置的广告形式。室外POP广告是指在商场、超市门前和周围门店的广告形式，如看板广告、气模广告、展示广告、模特广告、招贴和其他印刷品广告等。室内POP广告则包括货架陈列广告、展示广告、灯箱广告、悬挂印刷广告等。POP广告的作用日益突出，在大型自选商场内，它充当"无声导购员"的角色，也有人称它为"即时性广告"。它和商品一起陈列宣传，发挥了提示和介绍的劝说功能，直接引起消费者的注意并引导其选购。

（四）多媒体广告设计

多媒体广告设计以影像、动画、声音、文字为主要视听要素，它既有具体动态的、真实的可感形象，又有音乐和音响的听觉感受。通过听觉传播信息的声音包括人声语言、音乐、音响语言等。集形象、文字、声音等符号于一体的视频以声画结合的模式来传播信息。

（五）电视广告设计

电视广告具有传达信息、烘托气氛、激励情绪、塑造性格的功效。一方面文字语言、图像和声音具有叙事的表现力；另一方面综合艺术表现具有烘托主题、渲染气氛的特殊效果。

作为一种特殊的艺术表现手段，电视广告设计具有特殊的传播功能。电视广告的创作是一个复杂的过程，是由广告创意者提供创作脚本，经导演和演员的再创造，经过灯光道具装扮和拍摄等环节，再经过剪辑、配音、合成等后期制作才能完成。

电视广告设计是对广告创意脚本的构想，它通过绘画、文字对广告创意或剧情作具体设计，处于电视广告创作的初创阶段。因此，分镜头创意脚本属于初创性的设计，仅仅是提供具体拍摄的创意方案。电视广告属于技术性的创作，创意人员必须充分了解电视广告的拍摄技巧，把握镜头特点和影像造型等基本规律，才能根据其特征设计出富有表现力的脚本。广告公司编写脚本，设计方案转到导演的手中，由演员的表演转化为另一种视觉语言来表达广告内容，最终通过剪辑合成影像作品。因此，电视广告创作是一个由广告主、广告创意、广告影片制作通力合作的过程，只有互相配合，才能拍摄出好的广告片。一部 30 秒的电视广告，展现在荧屏上仅是一瞬间而已，看似简单，然而，其创作过程却凝聚了广告人的智慧和大量的心血。

（六）网络广告设计

网络广告的特点是信息传播快和信息互动性强，而且广告内容更新方便。尽管网络广告最初的设计方法移植于平面设计，但随着网络发展，它的技术特征也日趋明显。网络广告的设计受广告形式和发布方式的影响很大，因此，必须掌握网络技术，如图像的压缩处理技巧、动画设计和交互性设计。

三、广告设计的发展与现状

广告活动的历史发展轨迹证明，广告设计是伴随着传播媒介的技术而发展的。了解这一历史，可以帮助我们认识广告设计在不同发展阶段中的基本特点。

（一）广告设计的早期形式

相关史料表明，媒介广告是继口头叫卖广告之后的主要形式。在我国，商贾经营的主要广告形式有幌子和招牌。招牌广告是继悬帜广告后的又一种形式。从宋代张择端的《清明上河图》中，可以看到汴京繁华市井中各类店铺使用的招牌广告，其招牌有横匾、竖牌不同类型，如药材店铺上打出"神农遗术"，卖香料的写着"刘家上色沉檀楝香"等。这些写着简单文字的布幔、木板招牌在商店门口具有最直观的广而告之的功能，表明广告信息在商业活动中起着积极的作用。

（二）平面印刷广告设计

我国东汉蔡伦改进了造纸术，隋朝时出现雕版印刷。早在宋仁宗庆历年间，毕昇发明了活字印刷术，因此开始出现印刷广告。现存的北宋时期的济南刘家针铺所用的广告铜版雕刻，上面刻有"济南刘家功夫针铺"的字样，中间是白兔的图案，左右标注"认门前白兔儿为记"，下方刻有"收买上等钢条，造功夫细针，不偷工，民便用，若被兴贩，别有加饶。请记白"的广告正文。从这则铜版印刷的广告可以看出广告设计与信息传播的完美结合，白兔标记图案与文字巧妙结合，特别是正文"若被兴贩，别有加饶"字句，正好说明现代营销概念中给予分销商的价格折扣待遇的承诺。

虽然最早的活字印刷是中国人发明的，但在很长一段时期里，大量的印刷品依然是以整块雕刻木版进行印刷的。然而在国外，德国人约翰·古登堡于1440年开始试验印刷技术，他以铅为材料铸造字模，进行最早的凸版印刷尝试。古登堡发明的印刷术，对于促进整个欧洲印刷出版业的发展具有重要的意义。之后，19世纪印刷技术和书籍编排水平的提高，促进了以现代印刷为媒介的广告宣传，也大大增加了广告的种类和数量，如报纸、杂志等能为广大消费者提供大量具有时效性的广告信息以及高质量的图文资料。

1. 石版印刷的海报设计

18世纪到19世纪，西方国家的平面广告设计，在字体版面编排、排版技术上都有很大的进步。但在广告设计上仍旧依靠手工绘制，而在广告印刷上也只得运用木版、石版和铜版工艺加工处理，而后印制少量的广告作品。在工业革命时代，西方国家的印刷技术有着实质性的进展，新技术、新机器的发明和使用，推动了印刷技术的进步，同时也促进了广告设计的技术进步和观念更新，特别是机器复制和生产的技术变革带来了深刻的观念变化。

2. 现代印刷广告设计

19世纪印刷业开始进入繁荣的发展期，各种印刷品如书刊、报纸大量出版。印刷机和造纸机的发明与改进、排版技术的机械化扫除了阻碍印刷速度和质量的一道道障碍，促进了印刷事业的发展。同时，印刷技术的进步也提升了平面设计的水准，在广告设计中，除了广告画面的构成要素、选用字体、插图风格、版面编排，摄影技术也成为推动平面广告设计的一个重要因素。

摄影的发展得益于感光材料和感光技术的发明和应用，同时也依赖摄影机械的发明创造。摄影作为一种新技术、新媒介，它首先是新闻采访或记录真实事件的重要手段。随着机械印刷水平的日益提高，摄影技术在印刷上的应用主要是照相制版技术，它使得在广告设计中采用摄影图像成为现实，图像复制、图像印刷使得现代广告设计和传播功效日益增大。无疑，摄影在平面广告设计中成为基本的视觉传达手段，现代印刷技术机械化复制又将图像进行传播，这两者合力推动了现代广告设计高质量、高效率的发展。

（三）电子、数码技术的广告设计

印刷媒介的发展改变了平面广告设计的方式，而电子传播技术则使广告传播发挥出空前的威力。1936年英国出现最早的电视节目，而美国于1941年正式开播商业电视。这一新的强大的大众传播媒介的出现，结束了印刷媒介垄断的时代。

科学技术的进步，使电视传媒开创了现代广告事业的新阶段。无疑，在这一强大的电子传媒面前，每一家机构和企业都面临着电视传播媒介形态的挑战。由于企业之间的市场竞争日趋激烈，现代广告活动开始注意广告媒介策略和传播技术的运用，广告设计也从原先的平面设计范畴向电子媒体设计活动蔓延。特别是20世纪80年代到90年代，平面广告设计最大的变化因素是电脑技术广泛地运用于设计。电脑技术高速发展，美国苹果电脑公司1984年推出了用于平面设计的第一代电脑。同时，专门为平面设计服务的软件相继出现，极大地方便了平面广告设计的图像处理、文字处理和版面编排，完全改变了旧式的设计方式，开创了广告设计的崭新阶段。

电脑在平面广告设计中的应用，使得广告设计的视觉效果处理达到了随心所欲的地步，在设计表现手段上，几乎集中体现了现代绘画艺术长达一个世纪的实验手段的总和，如变形、叠影、影像处理和合成。同时，电脑作为辅助设计，使整个平面设计从设计到出版发行的程序发生了翻天覆地的变化。从设计到印刷，一系列程序都在电脑技术的推动下变得更便捷、更精确。

（四）网络广告设计

网络多指互联网，译为国际互联网络。1998年，联合国宣称网络是继四大媒体之后的又一大媒体。互联网在信息传播上具有空前的优势。作为全新广告信息传播的媒介，它具有传者与受者之间全球性互动的绝对优势。网络广告设计是利用Flash工具软件，以图像视觉展示和声音听觉展示，在操作上实现互动。网络这一开放式、交互式的传播形式，使得受众不再是靶子，而是根据自己的需求选择想看的讯息，形成了网络广告与电子商务相结合的全新的网络营销传播模式。

如今，广告设计出现了更广阔的市场空间，出现了许多与电子媒介相关的平面广告设计，如激光资料、影碟设计等；又如必须同时处理声、光、动画形象的多媒体和交叉界面有关的设计等，这些通常被称为"多媒体"设计。广告设计不限于报纸、招贴和包装的纸面材料和形式，还拓展到电子介质的激光影碟资料、电脑网络上的视觉传达数字化技术。

（五）广告设计的现状

若谈广告设计现状，就不得不谈中国本土广告。虽然中国古代发明了造纸术和印刷术，首创了可以记载和传承人类文明的传媒形式，保存了中国古代先进文化、经济繁荣等史料。但由于中国经济一直处于小农经济的格局，广告活动始终没有获得发展的机遇。

20世纪80年代，中国实行改革开放，随着市场经济的繁荣，催生了广告行业的兴起和发展。在20世纪80年代的改革开放到21世纪中国加入世界贸易组织（WTO，World Trade Organization）的20多年中，中国广告行业的进步是巨大的。首先，中国广告行业适应市场经济竞争的需要，经历了从萌芽、发展、趋向成熟的发展过程，行业从服务型趋向于知识型、信息型的全方位服务产业。其次，广告设计也得益于这一商业繁荣的大好时机。在广告设计方面，经历了从工艺美术设计拓展到现代设计观念的转变。目前，中国消费市场日趋成熟，企业对品牌意识、产品宣传的广告形象提出更专业化的要求。随着消费观念的转变，广告设计更强调以人为本，满足人们从物质消费到精神消费的需求，体现了当代消费文化的多样化和人性化的多元趋势。最后，从功能和形态上看，中国广告在重新成长的20年中，正好赶上新媒介、新科技发挥功能的历史机遇，特别是新媒介的传播功能起着影响甚至决定市场的关键作用。电脑的普及和互联网传播功能的扩大，广告宣传从传统印刷的二维表现向三维空间以及多维的数字化的视听媒介延展，这些都在不断激发设计人员努力探索新天地，在技术方面尽可能地向发达国家靠拢，以适应现代经济发展和市场竞争的需要。

随着中国加入WTO，世界经济一体化的趋势影响了中国，国际化市场运营模式在中国本土市场上展开。因而，中国本土广告公司面临着新挑战，激烈竞争的市场环境要求广告从业人员必须进行更深层次的思考，积极应对技术更新和市场变化带来的严峻考验和。

第二节　广告设计的特征

一、广告视觉特征

广告设计活动主要通过视觉传达来发挥特定的作用，在广告设计中要发挥视觉传达的积极作用，把握良好的视觉效果方能引起人们的注意。视觉感官是一种心理知觉的活动，它在感知层面上有着积极的作用。

（一）注意

心理学家莫瑞从六个方面提出关心注意的实质和特征：选择性，选择一部分信息；集中性，排除无关的刺激；搜寻，从一些对象中寻找其中一部分；激活，应付一切可能出现的刺激；定势，对特定刺激予以接受并作出反应；警觉，保持较久的注意。

根据心理学分析，引起注意的条件主要取决于客观事物本身。如某一事物处在对比或对立的关系之中，呈现出清晰而强烈的感觉特性，它表现为活动的或重复的、突出的刺激；另一方面取决于主体本身的条件，如人们对某些事物的需要、兴趣，包括个人的知识和经验以及当时的复杂的心理状态等条件反映。

注意一般分为有意注意和无意注意。有意注意表现为积极主动地寻求信息，无意注意则表现为被动地接收信息。从理论上说，注意是介于媒介广告信息与大众接收之间很重要的课题，它不是简单的视觉问题，而是关联着广告最终的传播效果。广告注意的特性是指信息的有用性、刺激性和趣味性。

1. 有用性信息

动机理论表明，构成行为动机的三个因素为需要、期待和消息的实用价值。在广告视觉信息加工过程中，那些有关产品特征的图像和较详细的文案信息正是消费者了解商品必要的、期待获取的具有实用价值的信息。譬如一个商标、一个名称或一张产品图片等。

2．刺激性信息

人们的视觉本能具有某种好奇性。从生理上来讲，视网膜总是对有刺激性的东西最敏感，总是因刺激的条件因素追随新奇的东西。人们接触广告往往是偶然性或瞬时性的，在日常生活中，电视荧屏中闯入式的广告画面或杂志中插入式的广告页面，这些都使人们不经意地接收广告信息。因而，特别要求广告画面具有刺激性的特征，如醒目的大标题、简洁的图形、动态的影像、明亮的色彩、响亮的声音、大屏幕显示等，这些广告表现被传播效果研究证明是有效的。

3．趣味性信息

人们接收信息总是和自身感兴趣的内容有关，那些给自己带来快感和满足感的信息易于接收。由此，人们也养成了某种习惯，就是比较关心并愿意主动阅读或打听，如恋爱期的男女更关注时尚、追求个性的需求。在广告语言表现中，广告信息转化为视觉形象比那些单纯的文字表达更有趣味性、更具魅力，从而产生积极的引导作用。因此，趣味性广告信息也就更容易被人们所接收。

（二）视知觉选择

视觉注意的指向性，实际上表现出人的心理活动具有选择性。引起视觉反应的刺激物的基本元素包括纯粹的色彩和简单的形状，对色彩、形状的知觉说明对事物的一般特征的反应。例如，新孵化出的海鸥一看到它妈妈嘴上的红点，就去啄妈妈叼着的食物。这说明动物有这种天生的本能，人类也是如此。

当然，视觉反应与选择的能力以及观看者分辨能力和内在需要有关，但比较突出的是与受教育或受专业训练程度有关系。我们知道，画家与设计师的眼睛受过专业美术训练。画家在创作中只是关心内心的东西即通常所说的由他自己选择并解决自己提出的问题。在审美活动中，艺术家并不重视和考虑实用的需要，因而，他们只是对自己感兴趣的东西凭借自我感觉进行探索和表现，来创造某种有深意的作品。他们的眼光具有专业水准的视觉特征，关心的是光感、空气感、物体、构图、色彩、轮廓、风格、性格等表现因素。比如印象主义绘画，修拉利用"点彩法"技术，把每一个形象都分解成用彩色小点来构成的画面，使自然形象一下子难以辨认。印象主义画家对光与色的偏爱与一般观众直觉反应之间的距离和反差，正好说明了艺术家的视觉关注有其独特之处。

通常来说，画家的眼睛比较注重事物的表象，而设计师的眼光往往是由表及里、从宏观到微观的视角去观察事物。特别要指出的是，设计师与画家本质上的区别在于设计师解决的是由别人提出的问题。因此，设计师在提出解决方案时首要的是考虑实际的功能需要，设计师绝对不能仅凭自我感觉进行设计，无论是观察事物的方法还是独特的设计表现手法。而一般观众的直觉能力通常与个人的注意力有关，他们通常会说出"这是什么东西""与某物像不像"这类话题。这并非说，一般观众的眼睛与艺术家的眼睛有什么不同，所不同的是他们之间的观察点和观察方法上有区别。由于受过专业训练的缘故，专业人员的视知觉思维的综合能力十分活跃，说得简单些，即专业人员的眼睛具有积极选择的作用，对形式知觉十分敏感；而一般观众的眼睛则是被动地选择和接受，他们只是对具象的形态比较敏感而已。

（三）广告视觉感知

如上所述，虽然画家、设计师与观众的眼光存在很大的差距，但有一点是可以明确的，即人类的眼睛首先接受的是某些具有显著视觉特征的东西。就广告而言，广告设计绝对不是纯美术创作，它以传达信息为主，是将相关信息转化为视觉符码的活动。也就是说，广告设计在视觉传达中应考虑视觉因素与受众接受的关系，一方面应注意广告视觉表现与人的视觉感知的互动性和有效性；另一方面要根据受众的审美眼光作出的反应来进行设计。经验表明，视觉研究具有一定的科学性和规律性。

1. 视觉集中

视觉集中是指在一定视觉场内相关的视觉元素之间构成的整体效果。对于广告来讲，产品图像和标题文字排列越有规律，越能成为相互关联的整体。集中性的视觉活动即视觉指向一定事物时的注意程度，具有在时间上、空间上产生视觉注意的稳定性。因而，广告画面视觉效果越集中，受众的注意力也就越有效。实践证明，图文清晰而且编排有序的广告画面还可以维持和保持受众的注意力。反之，一个图像内容分散、画面编排杂乱的广告很难保证注意力集中，更谈不上视觉注意力的持续有效。

2. 视觉印象

广告往往给人一种瞬间的感受和视觉印象。人们能否对广告作品产生清晰而又强烈的总体印象，这集中体现了广告艺术表现和媒体传播的综合效应。它一方面取决于广告作品的整体效果，即广告形象越鲜明、越纯粹，就越容易引起人们的注意；另一方面取决于媒体传播的技巧，媒体的暴露频次在数量上大大加深了受众对广告的整体印象。因此，在广告设计中，主题越明确，形象越突出，传播越集中，受众的接受偏差就越小，从而累积的印象也越深刻。

3. 视觉周期

视觉周期指人的注意力周期性地加强和减弱的一种现象，人长时间地注意某一对象，其感觉不能长时间地保持某种固定状态，而是在间歇地加强和减弱。任何一个物象，在一段持续性的时间中所呈现的刺激因素就会降低和减弱。也就是说，广告的视觉信息要保持足够的时间，就要不断利用媒体传播的积极作用，即使在同一媒体中做广告，也要以不同的诉求手法进行宣传。一言以蔽之，要保持新鲜感。否则，即使影视广告在媒体中频繁连续播放，也会造成人们"注意波"的减低，久而久之，难免会遭到受众的漠视甚至反感。

二、广告与视觉表现形式

就平面设计而言，对于形式研究具有积极的指导意义。20 世纪的形式美学从新的层次、新的角度加以研究，取得了不少成果。其中，格式塔美学通过对艺术与视知觉辩证关系的实验研究，充分利用实验的手段，揭示出心物之间的"完形"规律，并提出了一系列具有操作性的构形方式。应该说，传统数理形式的美学研究是对自然规律的揭示，而现代形式美学的分析是对艺术形式的视知觉活动的验证。

（一）平面视觉空间

平面视觉空间是指被界定在一定的空间之内的视觉"知觉场"，平面空间是人为限定的视觉空间。这一物理空间的产生是由多种因素构成的，它是由诸多形态相互关联、共同产生的空间形式。

1．图与底的视觉空间

图形与基底是构成平面造型特征的基本要素。任何平面形态与背景之间的关联就构成了平面的整体空间关系。它们之间的关系一般可分别构成积极的图形和消极的图形，如同照片的正片和负片的视觉空间效果。

积极的图形是感性材料密集于封闭的轮廓线之内的实在的形态。积极的图形具有凸起的厚实的物质感，呈现出实在的物态和聚集的力量。如清晰的轮廓、可感的材质、饱和的色彩、立体明暗效果等。积极图形是指直观的、明确的形态构成的空间关系，离开了感性材料的直观性，即使是易于识别的具象形态也不具有积极的空间作用。

消极图形是指"图"与"底"的反转与变换的视觉效果，"图"的轮廓区域内的质态表现为虚的图形，只有清晰的轮廓线的界定，不具有可感知的实质性材料。消极的图形具有收缩、虚幻的作用。消极的图形是虚的物体，一种"中空"的形式，呈现出被动和接受的姿态。

2．形态的组合空间

综观视觉艺术的形式，在造型与空间关系上，主要涉及形与形之间的组合关系，这种关系表现为以下几种：

（1）分离——形与形之间存在一定距离，互不接触。

（2）接触——形与形之间的边缘正好相切，外轮廓部分相碰。

（3）覆叠——形与形之间是覆盖关系，形成上下、左右、前后的空间关系。

（4）透叠——形与形有透明性的相互交叠，产生模糊的复合空间关系。

（5）结合——形与形相互结合产生新的综合形状。

（6）减缺——形与形相互覆盖，形相互覆盖的部分被减掉后的部分。

（7）差叠——形与形相互交叠部分产生一个新的形状。

（8）重合——形与形相互重合，组成一体。

3．简化的形态

大量的原始艺术史料表明："简化"是直接地把握造型最有力的表现方法。简化使构形趋向于明晰、肯定。例如，阿尔塔米拉洞穴的野牛在构形上充分体现了简化的造型语言所具有的艺术魅力，野牛形象在平面造型上明显受材料的制约性和特殊性的影响，其形态单纯清晰，平铺构形，形象感触强烈。中国民间剪纸也是最为直接的表现手段，它通过简化的过程可以把诸多形象加以浓缩、组合成最简练的视觉形象。简化的形式主要表现为平面铺陈的形态，物形外轮廓夸张而具有清晰的特征。

现代广告设计就视觉形态的表现而言，在某种程度上是对史前艺术的一种回归，它正好与这类象征图形的表现方法吻合。

4．立体的视觉概念

立体的视觉形式是指在画面中的三维立体空间关系。当形与形在重叠时即产生了平面与深度的复杂关系。早在文艺复兴时期的绘画中，在平面空间构形中就出现了透视短缩法，它表现在物体与物体之间的组合关系中，这种画面的深度关系在整体空间中极为复杂。而一般平面性绘画就以简化的造型，具体体现重叠的组合关系，在埃及与中国的绘画艺术中是极为常见的方法。由于这种简化的重叠形式不能造成景深错觉的效果，直到文艺复兴时期经过透视学、解剖学的实验，加上明暗渐隐法的运用，才具备了立体景深感的写实的空间效果。而19世纪的摄影成像技术逐步替代了部分写实绘画，广告设计更是利用摄影成像的表现手段进行创作，尤其因摄影图像本身的真实性和照片利用的便捷性而被普及应用。

5．运动的视觉形态

由于摄影、摄像技术的广泛运用，镜头组接和蒙太奇手法使影像画面有了全新的时空效果。它使艺术家开始探索绘画的"运动"形式，立体派、未来派画家利用透叠的手法展开对速度、空间和未来形式的探索，这种透叠的平面空间关系，由于形与形之间相互贯穿和渗透，大大破坏了单个物体的立体视觉，形成了复杂的视错觉效果，使整体的形象呈现出模糊性、多样性和歧义性。此外，艺术家利用透叠产生的视错觉并将错就错地追求偶发的因素，产生变形、叠形等造成矛盾的视觉张力。正是这种艺术探索，在广告设计中也以视觉矛盾的形式来表现图形创意，同时，电脑图像处理技术的便捷也成就了设计师的奇思妙想，使得图形创意更自由、更具视觉魅力。在运动的视觉形式中，影视广告通常可以在30秒的时间叙述中，以片段的情节、间断的动作,用"一系列分离的画面""一个不连贯的故事"编制广告。一则电视广告常采用 10～20 组镜头来表现主题。摄像通过在曝光时控制快门速度来捕捉物体呈现的状态,镜头特写把时间中微小的细节都变成了庄重的仪式,胶片摄像时间变成每秒 24 帧画面之后,可以任意剪裁、倒转、延长,影像采用连续而运动的画面形式更具有叙事的功能。

(二)视觉形态

对于广告设计者来说,理解物象的形态有利于提高认识,引发设计思路。广告设计是以视觉形象化来传达信息的,一般指通过想象以具象形态来创造主题意象,它是以描绘性的图像形态来表达广告主题内容的;也是以广告信息转化为抽象形态的视觉符号,即图形。它比写实的形象要来得更抽象化、符号化。不管是具象形态也好,抽象形态也好,视觉设计若没有经过抽象的不断归纳和提取,就不能升华为创造性的意象形态。

1. 认识具象形态

阿恩海姆认为,视觉完全是一种积极的活动。人们认识事物的过程,也是根据不同的需要不断认识、不断发现的过程,发现的过程就是创造的过程。对于广告设计来说,认识物态的过程可以从新的视角来观察研究。具体物象的形态转化为图像可以作为广告设计的素材,广告设计本身应该特别重视视觉形态的变化和特征。首先,观看本身就是一个复杂的过程,观看必须观察物体的外部形态、内部形态的复杂过程,除了外形特征,应从物象的机能构造或内外形态关系中寻求更多的启示,这样才能发现并把握具象形态的空间结构。例如,澳大利亚岩画的鱼形以剖面描绘,鱼的骨骼、内脏一览无余,这是人类先民以敏锐的直觉把握物象的独特方法。

(1)外部形态。

在视觉世界中,任何物体结构其外部轮廓都具有清晰的特征。人眼直观地看到的是物体的形状和轮廓,这涉及观察者与被观察到的物象之间一定的空间视角和运动形态的变化。因此,眼睛看到的物体的具有轮廓特征的形状,是组成二维空间中的单纯的形态,通常像"影子"那样。由绘画对物体进行模仿,不仅提供物体的外形造型,还包括利用明暗渐隐法把"影子"变成明暗层次的立体效果,但这种方法在广告设计中大都被摄影方法替代。值得指出的是，二维特征的形态在平面造型中具有特殊的意义。

（2）内部形态。

内部形态即内部结构，一般也称隐藏的结构。包括直接看到或利用剖析才能看到的内部结构形态，内部形态一般指表示各部分之间的形态。一辆轿车除了具有简洁流畅的线型外形，还包括内部整体的结构和各部件之间的功能性结构。人类在造物过程中，生物类的生理性、功能性结构给予造物者很大的启示，人们可以利用结构原理来构造物体。如现代高技术派建筑风格的设计就是在建筑外观中展露钢柱、钢梁、桁架、拉杆等结构。由温格坎·马格设计的德国莱比锡商贸中心玻璃建筑在结构上体现了工业化时代的特征，给凝固的建筑以流动的美感。一个广告画面往往是外部形态和内部形态巧妙结合的结果，这对于广告设计尤为重要，它可以提供给广告图形创意某些有效的构成方法。

2．理解抽象形态

"抽象"的含义比较复杂，"抽象"一词具有"提取"的含义，是指分析、综合、比较的思维过程。在艺术上，它是与"具象"相对的一个概念，具有非具象、非写实、非模仿、非客观再现的主观化特征。就抽象的对象而言，它可以是对具体自然物或人造物的结构、形态、色彩、声响、空间关系等客观因素的提取、分离与表现，也可以是对纯粹主观性的内涵——感觉、情感、观念等的形式化表达。抽象艺术所表现的内容以抒发情感为特征，是通过感性空间对生命情感的抽象表现。

现代科学实验对抽象形态的认识，拓展了对微观物质的认知和分析，如显微镜下的那些微生物细胞，从微观的视角摄取基本的、自由的有机形态和本能的不定形态。越小的物质组织形式就越有抽象的形态，从微观领域发现的东西，是一些抽象形态的结构，这些形态被放大和分析而揭示出来构成原理，给现代艺术提供了某种可感的形式和一些基本的造型规律。

诚然，抽象形态是以数理的概念引入绘画和设计的。康定斯基认为"数是一切抽象表现的终结"。因为，数理概念从感觉认识阶段上升到思维认识阶段，是抽象的本质。而利用数理概念设计的造型和几何造型，则是某种具有抽象意味的形式。数理概念在广告设计中，是真正体验设计"精神"的，在二维、三维和多维的空间中创立一个"有意味的形式"，包括有秩序的空间结构和有序的形式，又能体现某种"精神"的纯形式的"具体的抽象"。

3．抽象与具象

广告视觉形象按照设计的形态又可分为抽象和具象两大类：

抽象类包括几何形、有机形、偶然形。几何形是抽象的，一般主要靠绘图工具来绘制。抽象形态又具有数理关系，被运用在广告设计与编排中，能体现版面清晰的形式和比例关系。有机形是指有机体的形态，如生物体的细胞等。它是通过显微镜可以观察到的生物细胞组织，具有圆滑的、曲线的、有生命的韵律。它是人类通过仪器突破视觉阈限找到的形态，属微观领域的发现。偶然形是指人们难以预料、偶然形成的形状，如破碎的玻璃、飘浮的白云等。偶然的东西作为一种可视形象或形式容易引发人们的好奇，甚至惊恐。

具象类包括自然形、人为形。自然形是指大自然的造化呈现出的一切形态，从生物类别来看，有动物、植物、微生物之分，其形态千变万化、丰富多彩，是形态的宝库，它属于宏观领域和微观领域两个方面的形态。人为形是指人类为满足自身的需要而创造的形态，如建筑、家具等。

三、光感与质感

光感与质感同属于视觉表象，能产生强烈的视知觉感受，它们都是影响广告创意成败的重要因素。光感与质感会加强图像、影像相对有效的视觉强度，以刺激受众的感官来引起注意。

（一）光感的注意力

光在视觉传达活动中，能直接反映出物体的明暗层次和色彩的显晦，同时，它还具有光照度的力量感和速度感，因此，光也最能表现运动的特征。光源不具有色彩，只与光源的亮度以及辐射能量、距离远近等有关。光度和照明的强度决定物体的亮度。

光在广告设计中，具有力度、速度的表现力。在广告摄影中常利用强烈的光照度表现商品的特征，如金属类或玻璃类的产品在光照下所呈现出的高光点具有呈现产品精美品质的特性，更具有光感力度的表现力。在一些商业摄影中，注意光感的表现，摄影师对拍摄作品不断提炼和抽象加工，使得作品具有光感力度的抽象美感。光还有表现速度的感觉，光的辐射通量是从此一面积发射到彼一面积的光的能量，它具有运动的特征。光通量由近及远的视觉强度本身具有距离感效应，在平面的画面中，表现为方向感，有明显的视线走向，具有构成整体的运动美感，使受众的注意力本能地追随整体完美的动势。

（二）质感的表现力

质感又称肌理。由于物体的材料不同，表面的组织和构造各不相同，因而产生粗糙感、光滑感、软硬感等。所谓"视觉肌理"，就是我们所能看到而触摸不到的质感，是通过摄影或描绘表达出来的。肌理这种视觉质感具有吸引人们亲手触摸的欲望。

在广告设计中，任何质感的对比处理都有特殊的意义，它是引发人们视觉经验反应的具体表现，它能表现出物象完全不同的感觉，如毛皮与石块的软硬对比等。这些物像的质感都可利用摄影、描绘的手段来诉诸人的视觉感受，摄影通常以倍量放大的手法去拍摄清晰可辨的质感，具有逼真的超写实手法的效果；而描绘则以不同的工具和材料，创造出丰富的肌理效果，利用笔触的变化、印拓、喷绘、刻刮、涂染等手法，可以在不同纸张上造成特殊的视觉肌理效果，满足广告创意表现的某种需要。

第三节 广告设计的原则

广告设计的空间结构的组合形式，通常指相对于内容的物质形式的规律。形式法则出于自然，美学家根据自然法则研究并归纳出对称、均衡、和谐、统一等形式规律。在广告设计中离不开对形式美的研究，形式美研究具有十分重要的美学价值，形式美要服从内容的表现，又有相对的造型规律和独立的审美价值。

一、视觉美感——和谐

古希腊美学是围绕"和谐"这个核心展开的，并贯穿于整个西方古典艺术发展史，体现了传统艺术的美学特征。和谐是关于美的本质的一种学说，毕达哥拉斯从几何学出发认为数理形式是万物的本体，数理关系是和谐的，因此说：美即和谐。他的学说以"数"作为万物之源，"数理"是物质世界的存在状态和基本规律。亚里士多德则把和谐规定为整一，把美的形式规定为秩序、匀称、明确。这是对古希腊和谐理念的最后综合与统一。

和谐是判断两种以上的要素或部分与部分的相互关系时，各部分给人的一种整体协调的感觉。整体和谐包含着对立之间的统一，具有共通性中见差异性的特点。

二、视觉刺激——对比

现代艺术发展在总体上给人的一种感觉，就是制造了充满情绪、激动、刺激的视觉感觉。如果说古典艺术遵循的是"和谐"的形式美，那么，现代艺术则体现了一种对立关系的视觉美感。这就要求把质和量相差较大的诸多要素巧妙地配置在一起而仍具有统一的画面感觉，使人在视觉上产生强烈的感触。它可以使特定的画面更加鲜明，更具活力和刺激。对比的关系在色彩上通过冷暖变化，明暗上通过黑白反差来表现，通常色彩的互补色和明暗上的黑白是对比的极限效果。在广告设计中对比的手段常常被利用，它表现为具象形态与抽象形态的对比，包括形状的大小、粗细、长短、方圆，方向的垂直、水平、倾斜和形象的运动态势等多方面的因素。

现代广告注重"吸引注意的力量"，其中对比手段起到很大的作用。对比是广告最有力的表现手段，它为广告的版面设计、表现技巧提供魔力般的效果。因此，广告常强调以相异、相悖的视觉要素组合图形创意，追求与统一相悖的变异、求异的极端形式。当然，在广告设计中一味追求新奇、突变、偶发是对形式美理解的一种比较极端的做法。在广告设计中应注意分寸，不要因为过于追求奇异而痴迷于视觉的谎言。

三、视觉重心——对称与均衡

作为画面形式的广告作品，广告画面中图像的重心位置与视知觉的心理作用紧密相关。平面广告其画面的重心形式相对稳定，易于感受。而影视动态画面以活动为特征，因此，视觉重心随影像流动变化、影像的聚散而转移。

（一）对称

对称是指中心两边的形、量相等，也就是某图形在平面空间中给人视觉上的感觉完全或基本对称，出现在垂直线、水平线两边形状、色彩等要素完全相同和相对等同。对称的广告图形与编排具有清晰、大方、严整的视觉特征。静态的对称形式有：以垂直线为对称轴的左右对称的图形；以水平方向分割为上下对称的形式；以垂直轴与水平轴交叉组合为四面对称形式。动态的对称形式是以垂直轴和水平轴为中心的一系列以点对称的形式：向心对称的辐射对称；离心对称的发射对称；旋转式的旋转对称；逆势组合的逆向对称；以圆心逐层扩大的"同心圆对称"等。

对称的形式也一直被中国传统图案沿用，其稳定而严整的感觉多少体现了中国人的性格和审美趣味。而作为广告标志图形语言，对称形式最能表达庄重大方的品质，特别适宜表示政府行政机关、金融机构等企业标志，如银行、博物馆等。

（二）平衡

设计中的平衡感并非指衡器力学上的重量关系。在画面形式构成中，它是以图像的数量、大小、轻重、色彩以及质感的实际分布作用于视觉判断的。对称是指以中心轴、中心线、中心点保持形态和量化关系的均衡。而平衡在平面设计中表现为动态、动势的活动特征，它关系到某些主要图像在画面中的重心位置和重量感觉。在平面广告编排设计中，设计者主要是根据视觉经验来判断平衡画面中的图文要素的构成比例关系。

四、视觉的"数"——比例与尺度

比例与尺度都是与"数"相关的构成规律，它指部分与部分或局部与整体之间的关系。

（一）比例

比例是指两个或多个事物之间的大小关系。在视觉中，比例是指图像中各个元素之间的大小关系。比例可以用来传达物体的大小、距离和重要性等信息。

在视觉设计中，比例是非常重要的。通过合理运用比例，可以创造出视觉上的平衡和谐。比例的运用可以使图像更加有层次感和视觉冲击力。

比例的运用可以通过放大或缩小物体的大小来实现。当一个物体在图像中占据较大的比例时，它会显得更加突出和重要。相反，当一个物体在图像中占据较小的比例时，它会显得更加次要和不重要。

比例的运用还可以通过调整物体之间的大小关系来实现。例如，通过将一个物体放置在其他物体的旁边或上方，可以使其显得更加突出和重要。相反，将一个物体放置在其他物体的下方或背后，可以使其显得更加次要和不重要。

在视觉设计中，比例的运用需要考虑到整体的平衡和谐。过大或过小的比例都可能破坏图像的平衡与和谐。因此，设计师需要根据具体情况来选择合适的比例。

总之，比例在视觉设计中起着非常重要的作用。通过合理运用比例，可以创造出具有冲击力和层次感的图像。设计师需要根据具体情况来选择合适的比例，以达到视觉上的平衡和谐。

（二）尺度

尺度是指在视觉中用来衡量物体大小或距离的标准。在视觉中，我们常常需要通过尺度来判断物体的大小、远近和相对位置。

尺度可以分为绝对尺度和相对尺度。绝对尺度是指通过具体的度量单位来衡量物体的大小或距离，如米、厘米等。相对尺度则是指通过比较不同物体之间的大小或距离来判断它们的相对大小或距离，例如比较两个物体的大小，或者判断一个物体离另一个物体的远近。

在视觉中，尺度的应用非常广泛。例如，在绘画和摄影中，艺术家和摄影师常常需要通过尺度来准确地表达物体的大小和远近关系。

在建筑设计中，设计师需要根据尺度来确定建筑物的比例和尺寸，以确保建筑物的整体效果和功能的实现。在地图制作中，制图师需要根据尺度来准确地表示地理空间的大小和距离，以便人们能够准确地理解地图上的信息。

总之，尺度在视觉中起着重要的作用，它帮助我们准确地感知物体的大小、远近和相对位置。无论是在艺术创作、建筑设计，还是科学研究中，尺度都是不可或缺的工具。通过合理地运用尺度，我们可以更好地表达和传达视觉信息，使人们对物体和空间有着更准确的认知。

五、视觉音乐——节奏与韵律

节奏和韵律在原理上与音乐、诗歌相通。从本质上来说，节奏和韵律具有时间感的情感生命的运动特征。

（一）节奏

节奏是指音响节拍轻重缓急的变化和重复。在舞蹈中，它是指人体有规律地重复或肢体运动的分节。广告设计中的节奏，是指在重复基础上的空间连续的分段运动特征，作为平面广告画面其视觉特征属共时性的通感直觉。因此，静态画面的节奏表现为重复与渐变有序的形态、形式变化，而动态的影视广告因镜头运动的特征，更能突出时序运动的节奏美感。

（二）韵律

韵律原指诗歌的声韵和节奏，音的高低、轻重、长短的组合以及匀称的间歇或停顿。音韵是一种相近、相似的组合规律，格律是长短句的抑扬顿挫。韵律是表现内在情感因素的外在形式，韵律决定着作品的格调，韵律是增加作品魅力的能量。如可口可乐的品牌形象就是以富有节奏变化的优美字体表现出具有品牌生命的内在品质，这一视觉符号在一个多世纪中仍然焕发出生命旋律的魅力。

在编排设计中，一本宣传册，不仅要注意页面的比例关系，更要体现整本页面之间的节奏关系。譬如，图文的点、线、面关系，色彩的明暗、冷暖的转换关系以及版面的虚实等节奏关系，都能给阅读带来积极的作用。节奏与韵律在设计中关系到广告作品的外在形式和内在品质，好的广告画面是通过视觉要素的合理编排产生的，具有节奏美感，从而增添广告作品内在的韵律感。

第四节　广告设计的思维

对广告设计来说，创意是灵魂，而广告创意又取决于设计者的创造性思维。下面就创造性思维方法加以分析。

一、创造性思维的基本方法

（一）简单思维

简单思维是指彼此之间有密切的相近关系或对比关系等必然的联系。它包括发散思维和联想思维。

1. 发散思维

发散思维又叫辐散思维、求异思维。它是指根据已有信息，从不同角度思考，寻求多样性答案的一种展开性思维方式，如一词多义、一题多解的思维活动。发散思维具有流畅性、多样性、灵活性、新颖性等特点。

发散思维对目标的"指向"这一特性作出区分：是集中还是分散，是单一目标还是多重目标，是考虑正方向还是考虑反方向，是求同还是求异。发散思维对于创造性活动非常重要，它解决了"思维的指向性"问题，而未涉及思维过程本身，因此我们既要充分重视发散思维，但也不要夸大发散思维。发散思维的目的是打开人们的思路，扩展人们的视野，不至于受传统思想、观念和理论的限制与束缚。发散思维扩展视野、打开思路，靠联想提供丰富的加工材料，最后运用大胆而合理的想象，对联想所得到的各种表象作进一步的重组、整合、改造，乃至重新建构新表象。

发散思维的方法：第一，同中求异——摆脱人们的共识和传统观念的思维定式，从另外的角度提出不同但有一定依据的全新观点。第二，正向求反——不迷信权威，敢于向一贯视为正确的理论体系或科学概念提出挑战，并提出相反的或与之对立的新理论、新概念。第三，多向辐射——能对某个复杂问题（关键所在）从多种角度、多个方向去分析，从而得出多种可能的解决方案。

2．联想思维

联想思维则是指在"发散"目标的指引下，通过相似、相反、相关等多种形式的联想，充分调动思维主体原有认知结构中与当前思维主题有关的储备，保存在长时记忆中的各种知识与经验以及相关的各种表象，为再造想象和创造想象提供思维加工所需的丰富材料。联想在心理活动中具有重要作用。根据心理学的分析，联想可分为简单联想和复杂联想。

联想是指由一个事物想到另一个事物，这两者之间有密切的相近关系或对比关系等必然的联系。类似联想：是由一事物的特征或某种状态与另一事物相近、相似而引发的想象的延伸，它能揭示事物之间的内在联系、共性和本质。还有对比联想，是指由性质、特点相反的事物引发的联想，比如由黑色联想到白色。

（二）复杂思维

复杂思维包括创造想象思维和复杂直觉思维，它基于发散思维和联想思维，包括分析、综合、抽象、概括、联想、再造想象和创造想象等。

1．创造想象思维

创造想象思维可用来发现新事物的本质属性，用来创造前所未有的全新事物。创造想象是形象思维的高级阶段，创造想象要运用分析、综合、抽象和概括等方面，它通过想象思维的加工，不仅涉及对表象的重组和整合，而且还包括对表象的改造与重构，正是通过这种改造与重构来形成新事物。我们认为"创造想象"是创造性思维的关键环节之一，创造想象思维和复杂直觉思维分别是形象思维和直觉思维的高级阶段。

2．复杂直觉思维

复杂直觉思维是用来发现未曾被认识的事物之间存在的内在联系。它不仅体现在创造有价值的全新事物，还体现在发现事物之间的内在联系规律。复杂直觉思维是通过整体综合、直觉透视方法，对事物空间的结构关系作出快速判断。其特点有二：一是从全局、整体快速综合考虑问题而不是一步一步进行分析和推理。二是只注重事物之间的关系而不考虑事物的具体属性和细节。

创造想象思维更倾向于发现事物之间内在联系的规律，复杂直觉思维则倾向于创造全新事物的表象或发现新事物的本质属性。事实上，这种直觉思维与形象思维，特别是创造想象，经常结合在一起共同发挥作用。

二、创造性思维的五个环节

创造性思维包括"显意识激励""发散思维""联想思维""创造想象""论证检验"五个环节。其中"发散思维""联想思维""创造想象"三个环节属于潜意识探索的部分，另两个环节属"显意识激励""论证检验"，即时间逻辑思维，它通过显意识对思维过程进行觉察、调节与控制。"发散思维"和"联想思维"属于随意性创造思维。这类思维的出发点不一定是为了创造，属于"灵机一动""计上心来"这一类偶然的智慧火花，并无明确的创造目标，这类思维成果大多是事先未曾预料到的。

这里要对"创造想象"作进一步的分析。在进行"想象"或"直觉"思维之前，一般要先经过"发散"和"联想"两个随意性阶段，而"想象"和"直觉"则是非随意的，它们有很强的目的性，有明确的创造目标，并且这一目标就体现在当前给出的加工指令上，整个"想象"或"直觉"思维的过程（包括在此之前的"发散思维"）均应受此指令的指引、调节与控制。换言之，这里的"想象"或"直觉"思维并非漫无目标地自由驰骋，而是要受指令的约束，使"想象"或"直觉"思维的焦点对准所要解决的关键问题。由于目的性强，一般来说，这种创造性思维的效率比较高，能解决比较重大的、悬而未决的问题。其思维成果则在意料之中，即由事先确定的创造性目标所规定。

换言之，这类偶然的创造也要以思维主体比较丰富的知识与经验积累为基础。"想象"或"直觉"思维是以非线性交互作用方式进行加工，而且总是要循环多次。总之，"想象"或"直觉"思维总是沿着"逻辑思维调控—发散思维定向—联想提供材料—想象直觉产生思维成果"的路径发展。

三、创造性思维的加工方式

我们认为，创造性思维具有思维对象复杂性，一般通过发散思维和联想思维先确定主要因素后，再以横向思维和纵向思维搜索加工。

（一）横向思维

横向思维是指同一层次中具有平行、并列关系的各个因素，对于创造性目标来说，还要进行两种思维加工：一是分析、比较、选择。对可选择诸因素的已知属性进行分析、比较（或是通过直觉判断）从中选择出一个最符合当前创造性目标要求的因素。二是分析、综合、判定。对诸因素的已知属性进行分析，在此基础上进行综合，看看是否能满足当前创造性目标的各方面要求，从而判定是否还有遗漏的因素（如果目标的要求尚未能完全满足，则肯定有遗漏因素）。

（二）纵向思维

纵向思维是指通过纵向的挖掘，力图冲破多重复合函数中层层嵌套的掩蔽作用，可分为向下挖掘和向上挖掘两类。向下挖掘是指通过针对当前某个关键因素，努力运用发散思维和联想思维，并按照新的观点、新的角度或新的方向去进行分析与综合。向上挖掘是指通过对当前某一层次中若干同现因素的已知属性按照新的观点、新的角度或新的方向去进行新的抽象与概括。总之，以上分析表明，"横纵思维"过程也必然包含复杂直觉思维过程，而且横纵思维所用的心理加工策略对于复杂直觉思维也是必不可少的。

综上所述，广告设计思维属创造性思维，而这一创造性思维离不开人类思维的基本形式即形象思维和逻辑思维活动，创造性思维包括形象（直感）思维、抽象（逻辑）思维和灵感（顿悟）思维的过程。创造性思维是形象思维，然而，创造需要把形象思维的结果加以论证，不仅需要有抽象思维能力，还需要有形象思维能力，两者缺一不可。因此，创造性思维是抽象思维、形象思维两种思维的辩证统一，是更高层次的思维。

第五节　广告的视觉认知原理

广告视觉传播设计的理论基础是认知科学。视觉认知涉及感觉原理和知觉原理两个层次。感觉原理包括格式塔理论、结构主义理论和生态主义理论；知觉原理包括符号学理论和认知理论。对广告视觉传播而言，认知过程中的"注意"原理最有意义，观众的有意注意与无意注意、观众注意的动机与广告的传播效果均密切相关。认知记忆也有其科学的规律，掌握消费者记忆的特点对广告的视觉传播设计有指导价值。

一、视觉传播中的感觉原理

（一）格式塔理论

格式塔也称完形心理学，格式塔这个词来自德语，意思是形式或现状。德国心理学家马克斯·韦特海默（Max Wertheimer）发现人的眼睛只负责收集视觉刺激，大脑则负责把这些感觉整理成连续的图像。大脑不把个别的感觉元素联系在一起，运动现象就不会产生。他认为知觉是感觉综合的结果，而不是个别的感觉元素简单相加的结果，整体不等于部分的相加。

格式塔心理学派发展了威尔特海默的理论，对感觉进行研究，提出许多感觉的组合原理，这些组合原理是视觉传播设计的重要理论依据。

1. 图形和背景

人们具有把感觉到的各种刺激组合为图形和背景的倾向，其中，图形是知觉的主体，它是封闭的，是突出在前面的，因而常被人们清楚地觉察到。背景则是模糊的、朦胧的，为次要的知觉对象。但随着注意对象的转移，图形和背景会发生转换。例如，画面上有 A、B、C 三个字母，当我们注意 A 的时候，A 为图，而 B 和 C 成为背景，这就是平面设计不仅要重视主题形象，也要注意空白和空间形象的原因，这与中国传统绘画中"计白当黑"的视觉原理相似。

2．相似性

相似性指人们在认知视觉对象时，大脑发出指示，选择最简单和最稳定的形象作为关注点。在形象特征上，共同性明显的对象容易识别为同类，色彩上色相、明度、纯度上相似的也容易归为同类。为了使设计对象有鲜明统一的风格和个性，形式单纯和简洁，形象、色彩和其他特征上的相似性至关重要，否则观众容易产生混乱。

3．接近性

受众具有自动组合视觉信息的能力，就像我们很容易将并肩走的男女看成恋人。在平面设计作品中，观众往往会把在空间上相互接近的图形、文字看成有关联的组合。版面的图文编排形式最能说明该问题，靠近图片的文字一般是该图的说明文。

4．连续性

连续性是指视觉对象的内在连贯性。人们的大脑不倾向于选择直线运动中出现的突然或不寻常的变化，大脑会寻求尽可能流畅的直线，这个直线可以是画面上的线段，也可以指几个物体排列成的直线。大脑会把属于一条连续直线上的对象和不属于这条直线上的对象分离开来。该原理广泛运用于版面的构图与编排，合理的画面结构、连贯的图文编排，往往使阅读更顺畅。

5．封闭性

图像阅读中的封闭性也是简化和记忆的需要，人们遇到不完全的视觉图形刺激时，会有意无意地补充其中缺失部分，把它作为一个整体来识别。这样不仅将原先复杂的对象简化了，而且便于分类识别和记忆。封闭原则在广告表现中得到广泛运用，设计出不完全的或不完整的广告画面，使消费者不自觉地填补不完全的广告内容，使不完整的视觉形象更具有吸引力，还提高了记忆效果。

人会本能地将复杂的因素归类，将本无联系的视觉因素进行组合识别和记忆。格式塔将整体概念与形式、形状以及格局等概念融合起来，强调把行为与经验作为有机的整体，反对仅从局部进行分析。视觉对象是一个整体，不等同于部分的总和，而是超过部分的总和。

（二）结构主义理论和生态主义理论

结构主义理论和生态主义理论是在格式塔理论的基础上发展起来的，结构主义强调读者感觉过程中眼睛的积极运动和大脑的状态。

1970年，哥伦比亚大学心理学教授朱利安·霍赫伯格发现，观察者的眼睛在扫描图像的过程中保持着动态，高速聚焦定影的形象在观者的短时记忆库中结合在一起，帮助大脑建立起一个景物画面。观者靠短时存在的眼部定影和大脑综合而成的完整画面建立起景物的概念，这种情况在识别不可能存在的形象时最能说明问题。

结构主义的理论实际上是对格式塔理论的改良，虽然研究者可借助先进的视觉分析跟踪仪器观察视觉器官和大脑的互动状况，但是无法解释眼睛中的定影图像与人们的经验和记忆之间的联系。

视知觉的生态学理论是美国康奈尔大学的心理学教授吉布姆斯·J.吉布森建立的，他认为，视觉认知的研究应该在自然的环境中进行，视觉并不像结构主义者认为的那样，只是由眼睛定影的大量形象组合而成的，而是由光线对视觉中物体表面的影响方式决定的，由光线随着观者在景象中的运动而发生的变化决定。随着环境视觉列阵的细微变化，大脑能自动校验物体的大小和纵深，无须有意识地计算过程。

生态主义理论认为，人们比较两个物体大小会比较它们在视网膜上的相对大小，物体越小，在视网膜上投射出的影像就越小。大脑能自动扫描景象，将其划分为网格状，物体的尺寸和比例是不变的，物体在视野中占据的单元越多，它看上去就会离我们越近。判断物体的大小无须高级的大脑功能，大小和纵深感只是直接的感觉经验，不必经过大脑的计算。生态主义理论存在明显的缺陷，它无法认识到，人类的认知必须建立在经验、文化、语言等基础上，这些对形成完整的视觉概念意义重大。

二、视觉传播中的知觉原理

（一）符号学理论

我们用语言来把握外部世界，用语言来沟通交际，语言是一个符号系统。铃声一响，狗就分泌唾液，这是巴甫洛夫做的有趣实验。对狗来说，铃声意味着"东西"。巴甫洛夫把高等生物特有的信号活动叫作条件反射活动。司机看见红灯，就会停车；孔雀看见花花绿绿的东西就开屏，这些都是对信号刺激作出的反应。

信号活动的生理基础是高等神经生物的第一信号系统。刺激出现时，转化为信号，并传播出去，产生一致的行动。信号活动只能局限在特定的时空场合，离开特定情境，信号就毫无意义。信号处理的是个别不关联的零星的表象或感觉。

符号指可以代表其他事物的任何存在物。行为、物体或形象在某些地方对某些人都有意义，但在本身之外还有其他的意义，这就都是一种符号。每天清晨太阳升起，天安门广场升起五星红旗，这是国家符号，奥林匹克运动会的五环标志是五大洲的符号，企业在产品和包装上标示的商标是商品或品牌的符号以及红绿灯是调控城市交通的符号。

著名的符号学家阿尔多斯·赫胥黎认为，你了解的越多，看到的就越多。如果广告作品中包含着目标消费者能理解的符号，其信息就会被理解和接收，而且很容易被人们记住。反之，广告视觉传达设计时采用了目标消费者不能理解的视觉符号，广告与消费者之间的沟通就会产生障碍，广告信息无法被消费者理解和接收，广告也就完全失去作用。

古希腊哲学家和语言学家奥古斯丁认为，广泛理解的符号可以促进非语言形式的传播活动，符号是自然和文化之间的桥梁。瑞士语言学家索绪尔和美国哲学家皮尔斯虽然主要研究文字通过叙事结构传播的途径，但他们的研究促进了现代符号学的发展。符号学已经发展成为视觉形象的知觉理论，包括美术设计中的视觉符号，表演元素的戏剧符号学，研究人物色彩、服装、姿态和舞台表现的木偶戏符号学，电视及广告符号学，旅游符号学，典礼仪式符号学，舞蹈、音乐、逻辑、数字、化学等领域中的符号系统研究以及城市作为社会符号的城市符号学等。

符号分为三种类型：图标型、索引型、象征型。图标型符号最容易解读，它们最接近于要表达的事物。比如洗手间门上的图形符号，计算机桌面上的回收箱，道路和场所标示方向和功能的指示标志等。

索引型符号与代表的事物或观念之间有着逻辑性或常识性的联系，而不直接描绘原物，人们解读它们的时间要比图标型符号略长。

日常生活中经常可见索引型符号，如海滩上的脚印表示有人从沙滩上走过，过高的体温往往表示病人已发烧，令人窒息的空气意味着空气污染等。

象征型符号最抽象，与表示的事物之间没有明显的逻辑性和代表性关联。相对于图标型和索引型两种符号，象征型符号需要学习，受社会因素和文化因素的影响大。例如，文字、数字、色彩、姿势、旗帜、服装、企业标识、音乐及宗教形象都是象征型符号。这类符号通常深深植根于一定的社会文化背景，它们的意义往往代代相传。因此，象征型符号更容易激起观众的情绪反应。

著名心理学家罗兰·巴特认为，语言文字符号的构成是叙事性的，词汇按照规则指定的顺序进行排列，语言符号传播是推论式的。图形的传播是陈述式的、线性的，视觉形象中符号的表达方式各不相同，多数情况下取决于创作者的风格特征。虽然文本传播中的符号链是线性的，视觉形象传播中的符号链是非线性的，但诗歌例外，诗歌的文字顺序也是非线性的。正如古希腊诗人西蒙尼底斯所说，图画是无声的诗，诗意的图画会说话。

（二）认知理论

认知心理学认为，视觉过程并不像生态学理论所认为的那样，只是观者简单地目睹光线结构的物体，而是观者积极地通过大脑活动形成一种知觉结果。

1. 知觉的一般特点

人类的知觉遵循一定的规律，早在 21 世纪初，心理学家就开始进行这项研究，在设计建筑、商品包装等方面，运用人类视知觉规律产生了很好的艺术效果与经济效益。

人们通过感官获得外部信息，这些信息经过头脑的加工（综合与解释），产生反映事物整体的心理现象，这就是知觉。换句话说，知觉是客观事物直接作用于感官，在头脑中产生的对事物整体的反映。

知觉与感觉一样，是事物直接作用于感觉器官而产生的，同属于对现实的感性反映形式。离开了事物对感官的直接作用，既没有感觉，也没有知觉。

知觉以感觉为基础，但它不是个别感觉成分的简单总和。知觉按一定方式来整合个别感觉成分，形成一定的结构，并根据个体的经验来解释由感觉提供的信息，它比个别感觉的简单相加要复杂得多，也丰富得多。在实际生活中，人们都以知觉形式来把握事物。

根据对知觉起主导作用的感官的特性，可以把知觉分成视知觉、听知觉、触觉、嗅知觉、味知觉等。例如，对物体的形状、大小、距离和运动的知觉属于视知觉，对声音的方向、节奏、韵律的知觉属于听知觉。在这些知觉中，除了起主导作用的感官，还有其他感官参加。

根据人脑所反映的事物特性，可以把知觉分成空间知觉、时间知觉和运动知觉。空间知觉反映物体的大小、形状、方位和距离；时间知觉反映事物的延续性和顺序性；运动知觉反映物体在空间的位移等。错觉是知觉的特殊形态。人在出现错觉时，知觉的反映与事物的客观情况不相符合。

2．知觉的内容和特点

（1）记忆。要形成准确的形象知觉，最重要的大脑活动是记忆。尽管人们对这个论断有争议，但记忆的确在观者与过去看到的形象之间建立起联系。记忆有一定的规律，古希腊心理学家西蒙尼斯最早发明记忆术，通过把握事物的特征或顺序来提高记忆效果。把握形状、色彩、位置、特征等显著的视觉要素的规律，可以简化复杂的情况，可以将看似无规律的形态规律化，经过整理和简化的对象有利于大脑记忆储存。

（2）投射。创造力强的人能够从云彩、树、岩石的纹理中找到感觉，发现其形式美感。心理学家经常为试验对象进行罗沙赫墨迹测试，每个人对现状的不同解释能反映出他们的个性特征，一个人的精神状态能够"投射"到无生命体或一般性陈述上。同样是墙壁上的斑痕，有人会看出天空的云朵，有人能看出栩栩如生的人脸，这种视觉差异来源于不同的大脑活动。

（3）期待。走进国际知名企业的洽谈室时，你可能期待豪华高雅的会议桌、舒适简洁的座椅、安排周到的办公用品以及彬彬有礼的服务人员，因为你的脑子里对这样的著名大公司有固定的印象。然而当你走进洽谈室发现并非所想，会感到很意外。

（4）选择。人们在一次复杂的视觉经验中看到的大部分事物都不是大脑自主加工的对象。比如，很少人能意识到自己的呼吸，除非有意为之。大部分的知觉是无意识的，大量的形象借此进入大脑，未经处理又出离大脑。大脑只关注景物中有意义的细节。每个人都曾有过这样的经验，在熙熙攘攘的人群中寻找朋友，对那些陌生的面孔会视而不见，当看到要找的朋友时，大脑会马上锁定那个特定的形象，就好像黑夜里的一束灯光。

（5）适应。大脑会忽略日常生活中习惯性活动带来的刺激。例如，我们可能记不起每天上班下班都必须经过的道路上的建筑物、树木、商店、川流不息的车辆。但是，如果我们到一个陌生的城市或环境，在不熟悉的环境中，体验到的视觉形象通常会让人耳目一新。视觉长期经受同一种刺激，大脑活动就会慢慢变得消极，新鲜的刺激会激发大脑的活动。当然，过分的刺激也会使人产生烦躁和倦怠感。

（6）显化。假如刺激对某个人有意义，它就容易引起注意。例如，你的好朋友喜欢吃川菜，那么只要闻到麻辣的味道，你不仅会想到川菜，而且会想起这个好朋友。再比如，饥饿的时候，你会格外注意别人窗户里飘出来的饭菜香味。有造诣的艺术家或设计师，对自然界物体的形状和色彩的视觉感受要比普通人丰富得多。

（7）失谐。在日常生活中，我们几乎很难一边读书一边看电视或听音乐，因为大脑的注意力通常只能集中在一件事情上。电视节目很有趣或音乐旋律很动听，书就读不下去。在电视节目或平面广告作品中，各种视觉要素之间缺乏有机的联系，很可能使观者顾此失彼，甚至无法理解信息。

（8）文化。文化背景影响着我们的行为举止、生活态度和社会行为，宗教信仰和社会传统也强烈影响着我们的形象知觉。这些图形象征、徽章旗帜、服饰发型以及城市建筑等视觉形象都具有个人和社会的意义。如果能够理解作为特定文化组成部分的符号系统，也就能理解使用这些符号的潜在原因。文化涵盖了道德伦理、地理位置以及个人生活中的方方面面，相同文化背景的人能够理解相同的视觉符号系统。

视觉几乎是所有动物的生存手段，大多数动物通过视觉来获取外界信息，以寻找食物，维持生存；通过视觉发现敌人，逃避威胁，以求安全。但是，人类拥有"观察"和"思考"能力，人类的视觉不仅仅是生存的手段，还是思考和丰富生活的工具。人拥有最复杂的视觉系统，当我们有意识地利用视觉观看时，眼的功能是作为脑的外部功能而活动的。除了眼睛结构，在视网膜到视觉皮质之间的神经上，大脑还在做着不同阶段的选择，进行着信息的筛选和加工。这个系统帮助人理解周围环境中错综复杂的事物，并且通过大脑进行印象记忆、储存。看不仅仅是视觉的一个过程，也是思想的一部分，并且该思想将组织我们去看什么，以及影响我们怎样看，是否想看。

　　眼睛是人获取外界信息的最重要的器官，85%的外界信息通过眼睛获取，如果人类用视觉接收一个信息，而用另一感觉器官接收其他信息，这两个信息彼此矛盾，人们会偏信视觉信息。视觉是可靠的接收装置，人眼不仅能通过文字将信息传播给大脑，更能直接从形象中获取信息，形象本身通过视觉直接沟通。视觉信息质量具有清晰性、形象性以及最具刺激性等特点。

三、视觉传播中的注意原理

　　引起注意，是平面设计重要的手段和成功的基础，设计的效果基本上来自注意的接触效果。有了注意，然后才能讨论理解、确信的效果。若不能引起注意，设计的诱导欲望、加强记忆、导致行动的功能就无法实现。注意是心理或意识活动对一定对象的指向和集中。注意对象的某一瞬间内，我们的心理活动会有选择地朝向一定的对象，将意识集中在特定的对象或概念上。注意的时候，心理活动不仅指向一定的对象，还集中于一定的对象。

（一）注意的两种形式

　　引起注意的因素不同，消费者对商品的注意方式也不同，形成两种不同的注意，即有意注意和无意注意。

　　1．无意注意

　　无意注意指事先没有预定的目的，也不需要意志努力的注意。无意注意是由外界突然的刺激引起的，当外界刺激产生之后，立即引起主体的注意，并伴随着主体情绪上的反应，如看电视时，人们对突然插入的一段商品广告的注意就属于无意注意。

　　2．有意注意

　　有意注意是自觉的、有目的的，必要时还需要一定意志努力的注意。有意注意时，人根据主体意识的需要，把精力集中到某个事物上。有意注意的特点是主体预先有内在要求，注意力集中在已暴露的目标上。学生在吵闹的环境中看书，消费者在嘈杂的商店里专心选购商品，都属于有意注意。

有意注意和无意注意均是视觉传播设计中必须研究的心理现象，但无意注意更要着重研究。通常情况下，消费者往往不了解广告传播的内容、推销的商品，不了解商品的性能与特点，消费者没有预定的目的，只有施加一定的刺激，才能吸引消费者的视线，引起消费者的注意。

（二）注意的一般特点

注意是人的心理活动对外界事物的指向与集中，这种心理现象普遍存在。例如，司机开车时要全神贯注；射击运动员比赛时要屏气凝神瞄准目标；学生听课时，要聚精会神地听教师讲解。人只要处于清醒状态，就一刻也离不开注意。注意与人们的心理活动密不可分，它表现在人们的认识、情感、意志等心理活动中。注意有两个基本特征：指向性和集中性。

1．指向性

心理活动具有选择性，心理活动总是有选择地指向一定对象，同时离开其余对象。集中性不仅指离开一切与传播信息无关的事物，也是对与接受无关的、甚至有碍的活动的抑制，这样，被接受内容的重点才能得到鲜明清晰的反映。

认知具有选择性，人会对认知活动的客体进行有意或无意的选择。例如，消费者阅读广告时，其心理活动不是指向与广告有关的一切事物，而是把关注的内容从视听形象、文字图表等许多事物中挑选出来，并且较长时间地把心理活动保持在广告内容上。注意的选择性，就是把注意聚焦于某一事物，不仅是有选择地指向一定对象，而且离开一切局外的、与被注意对象无关的东西，抑制了与之相争的附加活动，以全部精力来对待它，以获得对事物鲜明而清晰的反映。例如，消费者在选购某种商品时，其心理活动总是指向特定的商品，以对所选购的商品获得清晰而准确的反映，进而作出是否购买的决定。

2．集中性

在同一时间内，人只能注意少数的对象，而不能注意所有对象。集中注意的对象就能被清晰地意识到，成为注意的中心。当有意义的刺激成为注意的中心时，有关的感觉器官就会朝向它，以便更好地觉察它，把视线集中在该刺激物上，即"举目凝视""心无旁骛"。消费者接收外界信息时，更愿意接收那些与自己固有观念一致或自己需要的信息，回避那些与自己固有观念相抵触的或自己不感兴趣的信息。集中性就是使人的心理活动只集中在少数事物上，而对其他事物视而不见，听而不闻，并以全部精力来对付其注意的事物，使心理活动不断深入下去。

消费者对广告的注意从信息的选择开始，人们生活在现实社会中，要接收这样或者那样的信息，人们对信息不是兼收并蓄的，而是根据自己的需要以及个人的偏好有目的地进行选择。

（三）引起注意的两个因素

一是刺激物的深刻性，如外界强烈的刺激以及刺激物的突然变化；二是主体的意向性，如根据生活需要、生理需要，主体依兴趣而自觉地促使感觉器官集中于某种事物。注意随刺激强度而变化，广告视觉传播设计需要利用各种刺激手段和方法，才能激发消费者的购买欲求，促成购买。

1.刺激

刺激是心理现象产生的方式，是刺激物施加于感受器官的影响。一切社会活动都是客观现实对人体作用的结果，即刺激→思维、判断→反应的结果。广告视觉传播对消费者的刺激基本可分为两类：物理性刺激和社会性刺激。物理性刺激包括商品的性能、用途、效果、质量等刺激，包含图形、文字、形状、色彩、肌理等形式因素对消费者的刺激；社会性刺激指社会道德规范，社会群体对个人行为的要求，社会的风尚与流行等。消费者受到这些刺激，便会对商品产生需求欲望，从而采取购买行动。刺激越多，欲求越大，购买可能性就越大。

刺激的方式有两种：积极性的与消极性的。积极性的刺激，即从正面进行号召——购买商品或劳务能得到利益和好处；消极性的刺激，就是从负面进行诱导——为避免不良结果必须进行正确的选择。

影响刺激的因素主要有以下几种：

（1）生理因素的影响。当刺激物过于强烈或者持续时间过久，神经细胞超过兴奋限度，就会引起抑制过程的发展。由于对刺激物的习惯性，神经的兴奋就会降低，即刺激过剩，注意力便会受到抑制或转换。

（2）有一定的刺激强度。人的各种感官并不是对任何刺激都产生反应，刺激强度太强或太弱均难以引起人们的感觉或注意。

（3）注意结合对象的知识、经验。刺激作用的大小，除取决于刺激物的性质和强度，与个体的个性、知识、经验也有重要关系。过去熟悉、体验过的，比较容易接受，反应快而深刻。

（4）调动受众的情绪。情绪也是影响刺激效果的重要因素，受众的接受过程始于直觉反应，其过程为：被吸引→兴趣→联想→欲望→比较→依赖→行动→满足，从这个过程可以看出，除了行动这一环节，其他环节皆带有浓烈的感情因素，唤起情感反应是抓住受众注意力的最好办法。仅仅是理智性和知识性的宣传，难免有冷漠枯燥之嫌，甚至还有"拒人于千里之外"的感觉，很难吸引人，因此要善于捕捉消费对象的情绪，引起他们的关心和注意，制造愉快的气氛，以增强吸引力。

2. 主体的意向性

需要是指有机体在一定条件下，对客观事物的需求。心理学家认为需要是人们受到刺激的反应。这种刺激可以来自身体的内部，也可以来自外部环境。比如一个人需要买件毛衣，或许是由于受到身体内部的刺激（感到寒冷），或许是由于外部环境的刺激（看到商店的羊毛衫挺好看，觉得自己也该有一件），由此产生了对毛衣的需要。人的需要总是在一定条件下的需要，受社会条件、消费习惯、社会科技发展的状况等条件的影响。消费者的需要一般分为两种，生理需要和心理需要。生理需要指维持生命和延续种族而形成的天然需要。

美国心理学家马斯洛提出了人类需要层次论。马斯洛认为人类有5种主要需要，由低至高依次形成一定的层次，低层次的需要获得满足后，便向下一个高层次的需要发展，但各个层次的需要又总是相互依赖，彼此共存。同时，又由于各人动机结果发展的情况不同，这5种需要对于不同的人其优势位置是不同的。高层次需要的发展，并不影响低层次需要的存在，只是影响行为的比重发生变化而已。

马斯洛所提出的5种需要层次是：

（1）生理的需要。包括衣、食、住、行、性等，这是人类最根本的需要，是维持生命的需要。

（2）安全的需要。包括自身的安全和财产的安全。如要求社会安定，生命与财产有保障，老有所养等。

（3）社会的需要。指希望得到别人的关怀、爱护、异性的爱，也希望能在群体中与别人交往，被群体接受。

（4）自尊的需要。这是一种威望类的需要，即希望能提高自己的声誉、地位，又希望得到别人的承认与赞扬，受到别人的尊重。

（5）自我实现的需要。这是一种希望自我发展的需要，如希望获得某种学位，创造某项纪录，完成某项工作等。

中国有句老话："食必常饱，然后求美；衣必常暖，然后求丽；居必常安，然后求乐。"这生动地说明了人的需要是从低级向高级发展变化的，首先是追求满足生理上的需要，然后是追求精神上的需要。

（四）信息的意义

信息是生活主体同外部客体之间有关情况的消息，通过感觉器官——眼、耳、鼻、舌，先将外部客体的情况反映到大脑，从而接收到外界事物及其变化信息。我们生活在信息的海洋里，每时每刻都离不开信息，人们为了生存，更离不开衣、食、住、行所需的商品信息。

要使消费者对广告商品产生良好的印象，首先需要将商品信息传递给消费者。对于将购买的商品，消费者首先想了解的是商品本身的信息，即其功能特点和品牌名称。宣传的准则是告诉消费者，该商品能给他们带来什么好处，从而激发他们的购买需求。同时，向消费者展示该商品与其他同类商品的独到之处。人们收集商品信息的目的总是和他们的需要有关。

信息要符合消费者的需要，知觉是理解信息的前提，没有意义的信息，是不能理解的，也不会被知觉。信息只有被理解，才会真正被知觉，也才会引起视觉注意。如写着"危险"字样的指示牌，对识字者而言能马上引起警觉，而对一个不识字的人来说，则无任何意义，不会引起注意。

视觉传达设计的本质是有意义的信息的传达，设计借助含有不同信息量的图形、文字、色彩、质感，采用最佳的视觉程序（视觉语言），把有意义的信息快速、准确地传达给市场和客户。视觉传达的好坏，其功能价值、经济价值、美学价值的多少，在很大程度上取决于信息传达的速度以及所包含信息量的多少和准确程度。好的设计应根据信息的意义，选择有益信息，明确主题。如生活用品的广告，对于需要此类商品的消费者来说，商品才是有意义的主要信息。如果画面上使用人物形象不恰当，则会使消费者只注意到年轻美貌的人物或她的服装及装饰物，而真正有意义的信息，反而难以引起注意。所以视觉传达设计时绝不能仅仅满足于获得视觉冲击力，或只给人生理和心理上造成舒适和美的享受。那种单纯追求感官刺激，不能满足需要的刺激只会中断视觉的流程，或者引起误导，甚至带来视觉心理的反感。

（五）广告注意的动机

广告引起消费者注意的最终效果取决于消费者自己的心理与当时的情境状态，消费者对广告的注意的直接动机来自商品需求，需求不同，人们会产生不同的态度。例如，对自己喜欢的广告感兴趣；对符合自己需求的广告表示喜欢，对不满足自己需求的广告不予注意或产生失望、气愤的情绪等。消费者的广告注意动机主要有三个方面：其一，广告能向消费者传递一定的商品信息。其二，广告的刺激形式非常独特，比较能引起人们的注意。其三，广告能供人们消遣，具有娱乐性。

1．实用性动机

广告可以向消费者提供商品的价格、名称、品种等信息，帮助消费者了解商品情况，从而为其购买决策活动提供信息支持，因此，广告具有实用性。一般来说，较长时间或者较详细的广告信息会促使消费者学习、记忆，其价值较高。例如，在医治头发脱落的药品广告上详细登载该药的研制过程，治疗了多少人，具体的使用方法。这会使消费者对该药品产生极大的信赖感，从而产生促销效果。

心理学家爱尔里西曾经做过一个心理学实验，他给新买汽车的顾客呈现 8 种汽车广告手册，让顾客挑选他们喜爱的汽车广告。结果发现，80% 的顾客挑选他们所买的汽车的广告，这个实验说明人们不仅需要信息去帮助他们选择商品，而且需要信息去支持他们的选择。

2．刺激性动机

现实生活中，人们总是不断去寻求新的信息，广告信息的新颖与刺激性正好满足了人们的这种心理需要。事实证明，那种设计新颖别致、语言优美、形象生动的广告最容易引起人们的注意。

3．娱乐性动机

广告的生命力就在于它不仅丰富了人们的物质生活，而且也为人们的精神生活增添了乐趣。好的广告可以成为家喻户晓的口头禅，可以寓教于乐。人们总是更愿意接收有趣的、娱乐性的信息。在收听、观看等活动中使人们注意到你的广告，就等于商品推销出去了一半。因此，正确地运用和发挥注意的心理功能，可以使消费者对广告产生注意，并引发购买需求。如前所述，人们对广告的注意形式有两种：其一是有意注意，其二是无意注意。有意注意是有明显购买目标的注意，这些消费者将有意识地从广告中寻找到购买的商品信息。成功的广告就是要吸引这些人，大多数人对广告的反应是无意注意。成功的广告，要设法使消费者对广告从无意注意变成有意注意，从而引发购买需求。

（六）引起消费者对广告注意的方法

1．引起消费者无意注意的广告对策

人们对广告的注意，通常只能依赖于无意注意，无意注意的发生与刺激的外部特征和主体自身的状态有关。为了增强广告效果，广告作品利用外部刺激特征和主体内部的状态，来提高消费者的注意。

（1）加大刺激量。形状大的比形状小的刺激物更容易引起人们注意，介绍新商品的广告，尤其应尽可能刊登大幅广告。例如，不少知名品牌在报纸上刊登的广告，除有图文并茂的特点，一般占据版面的1/3～1/2，甚至整版。另外，利用路旁、楼顶上的巨幅广告牌做广告，也是常见的形式，像北京建国门立交桥旁的一座高楼上立着"某某空调"的巨幅广告，很容易引起人们的注意。当然，这并不是说广告篇幅越大越好，并不是越大越能引起人们的注意，这里并不存在简单的直接增加的关系。

（2）增加刺激物的强度。一定的刺激强度，会引起人们的注意。刺激物在一定限度内的强度越大，人们对这种刺激物的注意就越强烈。不仅刺激物的绝对强度有这种作用，刺激物的相对强度也有这种作用。因此，在广告视觉传播设计中，要有意识地增大广告对消费者的感觉刺激效果和明晰的识别性，使消费者在无意中产生强烈的注意。例如，在广告宣传中，采用鲜明的色彩或光线、醒目突出的字体或图案以及特殊的声响等，都会有效地刺激消费者的视觉和听觉，使其处于积极的、兴奋的状态之中，引起较大的注意。国外的电视节目播出商业广告时，音量突出，正是利用强度原理。但刺激强度不能超过消费者的感觉阈限，否则会产生反面效果。

（3）利用刺激物的动与静变化。运动、变化着的物体容易引起注意。一般来说，动态广告生动形象，立体感强，比静态广告更容易引人注意。如动画片的效果胜过幻灯片的效果；户外的霓虹灯，不仅颜色鲜艳，引人注目，而且其图案的不断变化也容易使人注意。因此，在广告（特别是电视广告）中，应该特别注意画面动与静的结合。尽量利用动态画面增强刺激，以引起观众的注意。例如，日本松下电器公司在北京设置的路牌广告，背景是用无数彩色小薄金属片编缀起来的，即使在人们不易觉察的微弱风力中，仍可以摆动闪烁，所以它比周围其他路牌广告更为显眼。当然，也不能动得过于频繁，画面闪烁不定，观众容易眼花缭乱，看不清广告内容。除了视觉容易受运动刺激的影响，听觉也容易接受变化着的刺激，因此，广告播音员可利用声音的大小、快慢以及节奏的变化来吸引听众。静态的印刷广告不容易产生运动效果，但可以利用设计翻新等方式，来引起读者注意。

（4）利用刺激的新异性。环境中新异的刺激容易引起人们的注意，缺乏新异性的刺激，人们就容易产生条件性的非觉察现象，这意味着新异性对广告注意有重要作用。广告的新异性通常表现在其形式和内容的更新上。有经验的广告主在宣传商品时，往往不是集商品的各种性能或特点于一幅广告中而长期不变。相反，他总是不断地在广告内容上更换介绍其商品的不同特性，以吸引人们的注意。

（5）增大刺激元素的对比。刺激物中各元素显著的对比，往往也容易引起人们的注意。在一定限度内，这种对比度越大，人们对这种刺激形成的条件反射也越显著。因此，在广告视觉传播设计中，我们可以有意识地处置广告中各种刺激物之间的对比关系和差别，增大消费者对广告的注意度。对比的方法有许多，比如，广告的大与小、动与静，音响、语音、语调的高与低、轻与重，图案色彩的明与暗、深与浅等，都运用了对比。除了广告本身各元素的对比，广告本身与周围环境也存在对比关系。这些对比可以增大广告的易视性、易读性与易记性，保证消费者视觉听觉的流畅和顺利，引起较强烈的注意。

（6）合理安排位置。不同位置可能产生不同的注意（准确地说是知觉）的效果。在大型超市，商品举目可望，而人的胸部到眼部的位置是最能引起消费者注意的商品陈列位置。我国学者曾经探讨了观察者在阅读平面广告时第一眼看到的位置和观察路线。结果表明，在观看中，第一眼看到的字母，最集中在上方，最不集中在右方。印刷在报纸上的广告，什么位置最能吸引消费者的注意呢？国外调查的结果是：上边比下边、左边比右边更容易引起读者的注意。因此，广告的重要信息应放在版面中上部，这样更能引起人们的注意。再有，广告呈现的形状对人们的注意也有影响。一般认为高超过宽的广告要比宽超过高的更能引起人们的注意。另外，在大的空间或空白的中央放置或描绘的对象容易引起注意。例如，报纸上的整版印刷广告，虽然有强烈的视觉效果，但对于近距离阅读却不甚理想，因为消费者的注意力被分散，会视而不见。

2．引起消费者有意注意的广告诉求对策

广告仅仅引起消费者的无意注意还不够，人们每天接收大量无意注意形式的广告，但真正能引发购买行为的广告却很少。成功的广告在于引起消费者的有意注意，或设法使消费者对广告从无意注意转变为有意注意。从目前消费水平来看，许多消费者对相当一部分商品的购买尚属有目的、有意志的行动，因此他们经常是有意识地寻找、接收、了解有关商品信息，采取适当的消费行为，满足自身对商品的需要。因此，引起消费者对广告的有意注意，就显得非常重要。

（1）利用"悬念"引发有意注意。吸引并刺激观众的好奇心理，在广告的开始阶段制造悬念，随着系列广告的发展，逐渐将悬念的结果公之于众。在报刊广告中，这种悬念常常会利用大片的留空、提示性的文案，引起公众的关心和注意。这种设计利用人们喜欢探究新鲜事物的好奇心，使人们的注意有意识地集中并指向广告信息，以满足自身的需要。许多电视广告也常采用这种方法，它们一开始，有点像生活的片段，又有点像广告，但又不知道是什么商品的广告，留给观众悬念，只在片子结尾才点出广告商品的信息，这样，整个广告都能抓住观众的注意力。

（2）选用视觉冲击力强的广告媒体。广告要想引起消费者的购买行为，应突出强调消费者的需求和利益点，重点介绍商品性能和特色，促使他们进行比较、评价，从而作出购买决定。广告内容复杂、难懂，试图劝导消费者评价商品时，可多选用可视性好的广告媒体，便于消费者把注意力集中在广告画面生动形象的内容上。

四、视觉传播中的记忆原理

在广告宣传中，消费者对广告信息的记忆，是帮助他们思考问题、作出购买决定不可缺少的条件。广告应该帮助消费者记忆广告内容，因为消费者接收了广告传递的信息后，即使对广告产生良好印象，一般都不立即去购买。只有等他们产生了购买需要，从脑子里提取了存储的广告信息，才决定购买何种商品。如果商品信息难以记忆，商品信息不能存储到消费者的脑子里，广告的效果就不理想。因此，在广告视觉传播设计中，有意识地增强消费者的记忆效果是非常必要的。下面简要介绍与广告心理学有关的记忆的基本知识，着重探讨运用心理学知识增强广告记忆效果的对策。

（一）记忆特点

1. 记忆的形成

记忆是通过识记、保持、再现（再认、回忆）等方式，在人们的头脑中积累和保存个体经验的心理过程。用信息加工的术语讲，就是人脑对外界输入的信息进行编码、存储和提取的过程。人们感知过的事物，思考过的问题，体验过的情感或从事过的活动，都会在人们头脑中留下不同程度的印象，其中一部分作为经验保留相当长的时间，在一定条件下还能恢复，这就是记忆。

消费者的记忆与其消费活动密切关联。消费活动的前提之一是消费者对商品产生一定的兴趣，在一定的兴趣引导下，对商品的各种功能与特征产生认识，并从这种认识出发，决定自己的购买行为和对商品的选择行为。

消费者对于广告所传达的信息的记忆有以下几种形式：

（1）形象记忆。形象记忆是以感知过的事物在人脑中再现的具体形象为内容的记忆，它保存事物的感性特征，具有显著的直观性。某洗衣机广告，通过电视画面形象地展现衣物揉洗的情况，这就可以使消费者形成比较生动的关于洗衣机功能的形象记忆。这种形象记忆可以是听觉的，也可以是视觉的。

（2）语词逻辑记忆。语词逻辑记忆的用词形式，以观念、概念为主要内容，具有概括性、理解性和逻辑性等特点。语词逻辑记忆是个体保存经验最简便、最经济的形式，它的内容无论在数量上还是质量上都超过形象记忆。语词逻辑记忆是人类特有的记忆，人们对自然、社会和思维本身的规律性的知识，都是通过语词逻辑记忆保存下来的。对于某类商品有研究的消费者常常通过对广告的语词逻辑记忆来加深对商品性能的了解，通过对商品的制造原理、工艺水平的认识与记忆从而进一步作出购买决定。

（3）情绪记忆。情绪记忆，是以个体体验过的情绪或情感为内容的记忆，购买活动不像科学研究或是工作那样具有严格的程序与目标性，一般的消费者的购买活动具有很大的随机性，并且受情绪因素的影响。消费者在购买活动中常常会产生各种情绪，个体对这种情绪的记忆在一定程度上也影响其消费活动。例如，去高级餐厅吃饭，当时情绪非常好，对这种情绪的记忆就会促使客人经常光顾这家餐厅。

（4）运动记忆。运动记忆是以人们操作过的动作为内容的记忆，如对书写劳动操作和习惯动作的记忆。运动记忆在识记时比较困难，但是一经记住，则容易保持、恢复而不易遗忘。运动记忆是人们获得言语、掌握和改进各种劳动技能的基础。有些广告常常要求观众照着去做，观众在接受过程中加入自己的动作，这样就可以加深观众对广告信息的记忆。

2．记忆的作用

人们要产生并加强对事物的认知，就要借助于回忆过去生活实践中感知过的对象、体验过的情感或有关商品信息的记忆过程。这会净化认识过程、促进购买行动。如果消费者的先前生活或购买经验未在头脑中留下痕迹，必然会影响其对商品的认识。对于商品广告而言，为了强化宣传效果，有必要在商品造型、色彩、商标、命名、包装、陈列等方面下功夫。例如，采用新颖的商品造型、鲜艳夺目的装潢色彩、对比强烈的橱窗陈列、传统特色的包装、简明易记的商品名称等，均能增强消费者对商品的记忆效果，达到宣传与促销的目的。消费者的购买决策过程可以看成自我解决的过程，它由4个阶段组成：认知信息、接收与评价信息、购买活动与购买后的评价。

（二）广告的记忆过程

广告的记忆过程可以相对分为识记、保持、再认和回忆3个基本环节。

1．识记

广告识记指消费者获得广告信息的过程。广告识记是广告记忆过程的开始，是保持的必要前提，要提高广告的记忆效果，必须有良好的广告识记。广告识记是逐渐展开的，包括对广告信息进行反复感知、思考、体验和操作。新的广告信息必须与消费者已有的知识结构形成联系，并融合到旧的知识结构之中，才能获得巩固。但是，在某些情况下，当广告信息与人们的需要、兴趣、情感密切联系时，尽管只看过一次，人们也能牢固地记住它。

2．保持

广告的保持是接触过的广告印象在头脑里得到巩固的过程。广告保持不仅是巩固广告识记所必需的，也是实现广告再认或回忆的重要保证。广告的保持是一个动态过程，在保持阶段，存储的经验会发生变化。这种变化表现在质与量两个方面：在量的方面，保持广告的数量随时间的迁移而逐渐下降；在质的方面，由于每个人的知识和经验不同，加工、组织经验的方式不同，人们保持的广告信息可能有以下 3 种形式的变化：内容变得简略概括，不重要的细节将逐渐趋于消失；内容变得更加完整、合理而有意义；内容变得更加具体，或者更为夸张和突出。

3．再认和回忆

（1）广告的再认。经历过的广告宣传重现时能识别出来，这就是广告再认。例如，每临夏季，电视就播放空调广告，你从广告中认出见过的空调，就属于再认。对广告的再认，有不同的速度和不同的程度，这取决于两个条件：第一，取决于当前出现的广告同已经体验过的广告相类似的程度。第二，取决于对旧广告的识记巩固程度。广告的再认要依靠各种线索来进行，如广告的某一部分或特点等。广告再认发生困难时，就借助于回忆，或转化为广告的回忆。

（2）广告的回忆。广告的回忆指近在眼前的、过去经历的广告信息在大脑中重新出现印象的过程。广告的回忆有直接回忆和间接回忆之别。直接回忆是由当前的广告直接唤起旧经验。例如，见到松下电器的广告，自然就想起宣传松下电器优良技术的广告词。所谓间接回忆，即要通过一系列的中介联想才能唤起对旧广告的记忆。

消费者对商品广告的记忆由以上 3 个过程组成，3 个过程按先后顺序发生，缺一不可。例如，消费者要购买空调，他就会注意阅读报纸杂志上的空调广告，收看电视播放的空调广告，查阅有关空调方面的书籍，向懂行的朋友和同事请教从而获得有关空调的种类、牌号、型号、性能、质量、耗电量、噪音量和价格方面的知识，了解选购空调、安装和使用空调应当注意的事项。他把这些信息、知识、经验统统记下来（识记）并储存在脑子里（保持），过了一段时间（保持），去商场选购空调时，他就能根据记忆中有关空调的知识挑选中意的品牌（再认和回忆），顺利地完成购买行为。

（三）增强消费者记忆的传播策略

增强消费者对广告的记忆，是加强广告宣传效果的另一个有效途径。显然，消费者只有记住广告信息，才能对商品进行分析、比较和评价，也才能真正受广告的影响。增强消费者对广告的记忆效果的常用广告对策，有以下 10 种：

1. 减少记忆材料的数量

研究表明，所需记忆的对象越少、越简单就越容易记住。为了让消费者记住广告信息，应尽可能地减少记忆的数量。我们也许见到过这样的情况：一则广告推出好几种商品。广告客户大概是为了省钱，实际上得不偿失。由于广告的内容繁杂，消费者很难对某几种或某一种商品有清晰的印象。因此，一则广告不宜同时推出多种商品。减少记忆的数量这一策略在构思广告标题时尤为重要。国外的广告研究者发现，少于 6 个字的广告标题，消费者的记忆率为 34%；多于 6 个字的广告标题，消费者的记忆率只有 13%。可见，记忆的数量越少，消费者越容易熟记。一则打字机的广告标题只有 5 个字，"不打不相识"，非常简练，消费者很容易记住。因此，设计时，广告标题一定要精练简洁，切忌冗长晦涩。

2. 增加刺激的维度

刺激的维度指其特性的数量，如颜色的深浅是一个维度，颜色的明亮度又是一个维度。要想增加人们正确辨认刺激的数目，应当设法增加刺激的维度，而不只在单一维度上变化。广告包装设计应广泛地利用这一规律，比如采用形意结合、形字结合、图形与色彩结合等办法来增加信息的传递量。综合运用这些方法能缩小广告与广告商品之间的距离，激发消费者的购买意向。例如，"可口可乐"路牌广告，把构图、线条、色彩、修辞等和谐地结合在一起，使匆匆而过的行人一眼便能抓住主题，留下深刻的印象，是公认的成功之作。

3. 利用直观、形象的刺激

利用直观、形象的刺激物传播信息，能增强消费者对事物整体印象的记忆。一般来说，直观的、整体形象的东西比抽象的、局部的东西易记忆。直观的东西尽管只能形成感性知识，但它是领会事物的起点，是记忆的重要条件。在广告宣传中，有意识地采用实物直观、模拟直观及语言直观传递信息，不仅可以强烈地吸引消费者的注意，还可以使人一目了然，增强知觉度，提高记忆效果。例如，展示商品的实物照片、商品使用时的动态速写、服务环境的模拟图像；或用接近于现实的形象化语言，描述商品特性、使用效果等，都可以使消费者对有关信息留下深刻的记忆表象。

4. 利用理解增进记忆

理解是识记材料的重要条件。建立在理解基础上的意义识记，有助于识记材料的全面性、精确性和巩固性，其效果优于机械识记。理解能促使消费者将材料与已有的知识经验联系起来，把新材料纳入已有的知识结构，因而识记效果好。把新商品与消费者熟知的事物联系起来，能潜移默化地提高记忆效果。

5. 利用重复与变化增强记忆

根据记忆遗忘的规律，记忆信息留在人脑中的痕迹受其他因素的干扰，时间一长，就会逐渐遗忘。因此，适当的重复是增强记忆效果、延长记忆作用时间的重要手段。在广告宣传中，有意识地采用重复手法，反复刺激消费者对商品的印象，是广告表现常用的策略。在广告宣传中，同一内容至少要播放 3～6 个月，否则没有效果，但也有同样的广告每日一次连续播放两个月而达到效果的实例。重复要有限度，过分重复会令接受者生厌。因而，有经验的广告表现者往往还会适当变化广告形式和表述方式，因为环境中的新异刺激容易让人记住。例如，介绍商品时，更换介绍其不同特性，或从新的角度重现旧的内容。只有这样，才能为消费者所喜闻乐见，加深理解和记忆，避免造成厌倦和反感。

6. 注意广告的编排顺序

根据记忆与遗忘的规律，最初的和最后记忆的事物比较容易记牢，中间部分通常被遗忘。因此，广告表现应适当排列广告信息。一般来说，应做到下面两点：

（1）由于两端材料容易记忆，广告宣传应把标题、商品名称、牌号、厂家等信息放在前面，不能放在中间。购买途径、地址、联系方式等放在后面，也不宜放在中间。

（2）充分利用消费者的兴趣、理解。广告只要抓住消费者的兴趣，调动消费者的理解过程，就能很好地防止遗忘。这就要求广告表现者稳妥地排列广告文稿信息，激发消费者的兴趣，促使他们理解。问题解答式文稿多采用这种心理策略。

7. 利用韵律化、形象化的材料增强记忆

心理学家曾考察过不同记忆材料的难易程度，结果发现，记忆数字最难，其次是散文，最易记忆的是诗。记忆形象化的东西比记忆抽象的理论要容易得多。因此，在广告宣传中，将广告文稿写成诗歌、顺口溜、对联等形式，使之合仄押韵，读起来朗朗上口，从而增强人们的兴趣和注意，能收到良好的记忆效果。还可利用相声、漫画、动画片等消费者喜闻乐见的形式来制作广告，令人印象深刻，经久不忘。利用韵律化、形象化来增强记忆，这一策略在广告表现中得到广泛运用。

8. 选择适当的呈现方式

对不同的人而言，不同的呈现方式，其记忆效果大不相同。成人容易记住文字方式呈现的信息，儿童容易记住电视呈现的信息。有的广告信息以集中的方式呈现，有的以分散的方式呈现，这也应根据广告信息的内容而定，有的内容以集中呈现的方式为好，有的内容以分散呈现的方式为好。

9. 注意利用消费者的不同兴趣

广告要注意消费者的兴趣所在，有针对性地进行宣传。凡是能够激发消费者兴趣的广告，就可以收到较好的社会效益与经济效益。不同消费者关心的内容不一样。例如，家庭主妇主要关心食品价格以及日常用品、服装，男士大多对电器感兴趣。广告制作时，应该针对这些对象的不同兴趣进行宣传，以增强消费者的记忆效果。

10. 注意照顾消费者的记忆特点

人们的年龄、性别、职业、经历、生活方式不同，记忆能力、记忆习惯等方面也有巨大差别。儿童一般容易记住夸张、形象、活泼、色彩鲜艳的事物及带有韵律的儿歌。老年人的记忆力明显衰退，针对老年人的广告应该简单易懂，而且要反复宣传。①

① 宋小敏. 广告设计基础［M］. 沈阳：辽宁美术出版社，2017.

第二章 广告视觉设计的发展

广告视觉设计的发展和人类文明的发展息息相关，早期的广告与现代工业文明、视觉艺术思潮、设计思想的演进有很大关系。招贴广告起源较早，它是最早将视觉艺术手段应用于商业信息传播领域的视觉媒体。在报纸、杂志还不发达，电视媒体诞生之前，在商业比较发达的欧洲，招贴广告是最具代表性的广告形式。招贴广告受传统绘画艺术、瑞士图形艺术与德国包豪斯设计思想的影响，发生了很大变化，对现代广告视觉传播、现代视觉艺术产生了深远影响。

第一节 广告视觉设计的历史

一、中国早期的广告

中国早期的广告设计历史可以追溯到古代。在中国古代，广告设计主要通过文字和图案来传达信息。这些广告设计通常出现在商业场所、街道和市场上，用于宣传商品和服务。

在唐朝时期，广告设计开始出现在城市的街道上。这些广告设计通常使用文字和图案来描述商品的特点和优势。例如，一些广告设计会使用鲜艳的色彩和精美的图案来吸引顾客的注意力。此外，一些广告设计还会用诗歌和歌曲来宣传商品。

随着宋朝的到来，广告设计开始变得更加精细和复杂。在宋朝时期，商业活动蓬勃发展，广告设计成为商家吸引顾客的重要手段。广告设计师开始使用更多的细节和装饰来吸引顾客的眼球。他们还开始使用更多的颜色和纹理来增加广告的视觉效果。

明清时期，广告设计进一步发展。广告设计师开始使用更多的艺术元素来设计广告。他们开始使用绘画和雕刻等技术来创作广告设计。广告设计师还开始使用更多的图案和图像来传达信息。这些广告设计通常以精美的艺术品的形式展示，以吸引顾客的注意力。

近代以来，随着工业化和市场经济的发展，广告设计在中国变得更加重要。广告设计师开始使用更多的现代技术和媒体来设计广告。他们开始使用摄影、平面设计和电子媒体等技术来创作广告设计。并且广告设计师开始注重品牌形象和市场定位，以吸引目标顾客的注意力。

总的来说，从古代的文字和图案到现代的摄影和平面设计，广告设计在中国的发展经历了多个阶段。随着时间的推移，广告设计的重要性不断增加，成为商业宣传和市场营销的重要手段。

二、西方早期的广告

西方早期的广告设计历史可以追溯到 18 世纪末和 19 世纪初的工业革命时期。在这个时期，随着工业化的兴起，商品生产和销售开始迅速发展，广告成为商家们吸引消费者注意力的重要手段。

早期的广告设计主要以文字为主，使用简单的排版和字体来传达信息。这些广告通常出现在报纸、杂志和传单上，目的是吸引人们前往商店购买商品。由于当时印刷技术的限制，广告设计的形式相对简单，多数只有黑白色调。

20 世纪初，随着摄影技术的发展，照片开始被广泛应用于广告设计中。照片的使用使得广告更加真实和生动，能够更好地展示产品的特点和优势。同时，设计师们也开始尝试使用艺术手法，如立体效果、色彩对比和构图等，来增强广告的吸引力。

随着广告行业的不断发展，广告设计也逐渐与艺术和设计领域融合。设计师们开始注重创意和独特性，通过独特的视觉效果和创新的设计理念来吸引消费者的注意力。同时，广告设计也开始涉及更多的媒体形式，如电视、互联网和社交媒体等，为广告设计师提供了更多的创作空间和表现方式。

总的来说，西方早期的广告设计历史经历了从简单的文字广告到丰富多彩的视觉设计的演变。广告设计不仅仅是一种宣传手段，更是一种艺术和设计的表现形式，在不断创新和发展。

三、设计思想的演进

设计思想的演进历史可以追溯到人类社会的起源。随着人类社会的发展，设计思想也在不断演进和改变。以下是设计思想演进历史的主要阶段。

（一）实用主义设计思想

在人类社会的早期阶段，设计主要是为了满足人们的实际需求。这种设计思想注重功能性和实用性，追求简单、实用的设计方案。例如，早期的工具、器具等设计都是基于实用主义的设计思想。

（二）装饰主义设计思想

随着人类社会的进一步发展，人们开始追求美感和艺术性。装饰主义设计思想强调设计的美观和装饰效果，注重细节和形式的表达。这种设计思想在建筑、家具、服装等领域得到了广泛应用。

（三）现代主义设计思想

20世纪初，现代主义设计思想开始兴起。这种设计思想强调功能性、简洁性和实用性，追求形式与功能的完美结合。现代主义设计思想在建筑、工业设计等领域取得了重要的突破和创新。

（四）后现代主义设计思想

20世纪后期，后现代主义设计思想逐渐兴起。这种设计思想强调个性化、多样性和反传统。后现代主义设计思想在艺术、时尚等领域得到了广泛应用，打破了传统的设计规范和限制。

（五）可持续发展设计思想

近年来，随着环境问题的日益突出，可持续发展设计思想逐渐兴起。这种设计思想注重环境友好、资源节约和社会责任。可持续发展设计思想在建筑、产品设计等领域得到了广泛应用，为解决环境问题提供了新的思路和方法。

总之,设计思想的演进历史反映了人类社会的发展和变迁。不同的设计思想在不同的时期和背景下兴起和发展,为设计师提供了丰富的思维和创作的源泉。

第二节 招贴广告的历史

招贴广告是最早的广告视觉传播形式之一,招贴广告的出现需要两个基本条件:文字的创造和普及、印刷复制技术的发明。设计作品只有经过印刷才能被大量复制。

一、招贴广告的起源

据史料分析,绘画的发明先于文字,因此,在文字被创造之前,不可能有真正意义上的招贴广告,招贴广告的前身是各种传递信息的画作。考古学家发现距今 1.1 万~1.7 万年的西班牙阿尔塔米拉洞穴的原始壁画,内容与狩猎有关,是原始人的公告,起信息传递作用。鲁迅先生谈到,画在西班牙的亚勒泰米拉山洞里的野牛是原始人的遗迹。许多艺术家说,这正是"为艺术的艺术",原始人画着玩儿的。但这种解释未免过于牵强,因为原始人没有 19 世纪的文艺家那么悠闲。拉斯考克斯洞窟中的原始绘画(被称为马特勒文化)也记录了猎取牛和鸟的情景。以绘画形式传递信息,与现代招贴画相似。一些招贴广告的研究者,将这些原始绘画视为招贴画的始祖。

中国殷商时代的甲骨文是汉字的起源,埃及和美索不达米亚刻在石头上的象形文字,是西方文字的起源。罗马人发明金属翻制技术,将原型复制成许多个,扩大和加强传达功能。罗马人还使用告示板,用石灰做成白墙板,写上红色的文字,上面所示内容,由过路人口口相传,传播到更广的范围。这种方法在古代用作文艺演出的广告,也用作商业买卖的广告。用这种单纯的方法进行视觉传达,严格说来,并不是招贴广告,只是现代招贴广告的雏形。

15 世纪，木版印刷出现，这一时期创作的木版招贴广告大多为王族和僧侣所有，为他们的施政和宗教目的服务。在中国，雕版木版印刷在宋代蓬勃发展，那时候出版的年画，也是现存最早的中国招贴版画。这种招贴画都是家喻户晓的图像，宣传弃恶从善的信念和吉祥如意的幸福愿望。这可算是古代的装饰艺术招贴广告。

二、十七八世纪的欧洲招贴广告

在欧洲，十七八世纪的招贴广告，开始被用于杂技和戏剧的演出，或用于商品的宣传。例如，18 世纪德国纽伦堡市杂技演出的招贴广告，描绘了走钢丝艺人和弹跳艺人的演出情景。这一时期，招贴广告还用于征兵宣传。十七八世纪出现了木版印刷的招贴广告画，半个世纪以后，石版印刷和彩色石版印刷得到普及。1812 年起，商品招贴广告开始使用石版印刷。但直到 1860 年才发明大版面的印刷机，大尺寸的招贴广告在那时才被实际使用。日本著名设计理论家大智浩先生也认为，多色印刷的石版招贴画出现于巴黎街头的 1866 年，作为近代招贴广告画的开始时间是合适的。

1796 年，德国人阿洛易斯·塞内费尔德发明石版印刷术。近代招贴广告史，是从 19 世纪末的巴黎，特别是蒙马特洛（巴黎北部的一个地区，夜间专用的社交场所和艺术家的集散地）的画家们手绘的石版招贴画开始的。美术家们为商业的目的创作招贴广告，当时被视为世俗。但随着社会的发展，瑞士、法国、意大利、英国、美国等国终于出现专门从事招贴广告画设计的设计师或画家，其中，法国的设计师和艺术家创作了许多具有高度艺术价值的作品。

三、招贴广告的历史分期

1866 年前，是招贴广告的前史阶段；1866 年到 1918 年，是近代招贴广告的初期阶段；1918 年到 1945 年是近代招贴广告的中期阶段；1945 年第二次世界大战后是近代招贴广告的近期阶段。自 19 世纪到 20 世纪的 100 多年时间，出现了许多优秀的招贴广告作品。

在欧洲，现代招贴广告设计写下了历史性一页。工业革命和资本主义商品经济的发展，促进了生产和市场消费，随着印刷技术的迅速发展，商业服务性招贴广告达到新的水平。第二次世界大战以后，世界经济很快恢复，文化活动蓬勃发展。无论产品的推广还是文化的推广，都离不开招贴广告的传播。招贴广告的水平日渐提高，表达形式多姿多彩。

四、对现代有较大影响的招贴广告

19 世纪末，居住在巴黎郊区蒙马特洛的画家们开始手绘石版画。当时的石版画家直接在石面上描绘，用手工印刷机印成多色广告画，与今天的印刷技术相比，受到更多的限制。石版画家朱尔斯·谢雷特（Jules Cheret）被称为"招贴画之父"，名声斐然。他从绘画转向平面设计，将全部注意力倾注于招贴广告艺术，是平面设计的开拓者。他的作品大部分是巴黎市场的商品广告、戏剧演出广告、演出节目单、饭馆菜单和书籍封面，作品形式多样，华丽、温暖、热闹，具有近代招贴广告的共同特点。朱尔斯·谢雷特一生创作了近千幅招贴作品。

1980 年，德国招贴广告设计家鲁维格·霍尔文用平面化的造型手法，设计了一些服装招贴广告。他经常用线条和方格的纹理来处理平面，调和的色彩组合与对比的明暗处理，具有独特、明快的个人风格。这些招贴广告也用石版印刷。

第三节　瑞士图形艺术

随着印刷技术的进步，印刷品的视觉设计越来越受到设计界的重视。有别于书写文字、印刷字体的艺术设计成为商业广告传播的基本视觉要素，在传达广告信息中具有相当重要的地位。在工业设计理念的指导下，瑞士艺术家和设计家最早尝试印刷文字的艺术创新，瑞士图形艺术的思想和成果一直影响至今。视觉设计界把瑞士称为"图形艺术的国家"，因为图形艺术在瑞士相当普及，受到高度重视，印刷图形设计的水平非常高。20 世纪 20 年代之前，瑞士图形艺术不仅受法国绘画性广告的影响，强调优雅和自由的表现，而且还受到德国功能性广告的影响，强调合理和精确的表现。此外，还受奥地利、匈牙利和各种现代派美术流派的影响。直到20世纪40年代，由美术家设计的印刷图形广告仍占有重要的位置。

美术家设计的印刷广告具有很高的美学质量，被视为珍贵的视觉艺术作品。然而，为瑞士图形艺术赢得世界声誉的不是瑞士的美术家，也不是绘画性印刷广告，而是功能性的字体图形艺术。美术字体的应用很早就被看作瑞士图形艺术设计的重要风格和手段。厄斯特·凯勒是字体图形风格的创始人之一，他首先总结出这种风格的基本设计原理。1918年，厄斯特在苏黎世应用美术学校教广告设计课程，建立了一套字体设计的完整教学体系。他一边教学，一边从事字体、标志、图形艺术的设计，进行了多方面的探索。他认为，字体图形就是形式与内容高度统一的最客观、明确而且有效的图形传达语言。在他所有的广告设计中，字体图形都是最重要的因素，他从不使用孤立、随意和平板的字体，总是将精心设计出的字体安排在最重要的位置，配上照片或图形，以达到高度和谐。

泰奥·巴尔默和马克斯·比尔将早期的构成派图形设计发展成战后的瑞士风格，还把风格派原理创造性地应用于印刷广告设计。他们经过精密的计算将图形分割成有形或无形的网格，用无饰线几何字体进行构造。他们认为，无饰线字体表达时代精神，数学网格是系统视觉传达的最理想、可靠和协调的逻辑手段。

第二次世界大战以后，国际贸易和文化艺术交流频繁，客观要求采用简洁明晰的图形符号，以打破民族语言的隔阂，这加快了信息传递的速度，瑞士的图形艺术正好满足了这一需要。20世纪50年代后，瑞士图形艺术终于形成独立风格，追求客观、精确和简单明了，强调视觉功能传达。瑞士风格很快传遍欧美，传遍全世界，被称为国际风格。

埃米尔·鲁德是国际风格的代表，探求形式和目的合理统一，他认为，假如字体不去传达内容，图形艺术就失去目的。他注重探索空间、比例和尺度在设计中的应用，创造出网格定位法，用复杂的网格结构来安置所有画面成分（字体、图形、照片、插图、图表等），以获得高度的视觉平衡和设计的无限可能性。霍夫曼的设计哲学建立在现代图形观念取代传统绘画观念的基础之上，努力探索图形的审美实质和视觉特征，追求全部设计要素统一的动态平衡效果，强调通过调整对比要素而产生活力。这些对比要素包括明和暗、曲线和直线、正形和负形、形体和空间、垂直和平行、静和动、彩色和单色等。

在国际风格之后，一部分图形设计师认为，国际图形风格的程式化和规范化倾向，极大地限制了图形艺术的发展。他们提倡个性和创造力，形成后现代主义风格，追求新的人文主义，强调有机、生命和运动。后现代主义扩展了以形式语言为特征的瑞士风格，瑞士风格通常的表现方法是：采用粗细对比的字体（有时在一个词内也出现粗细对比）；结合字体的斜线和对角线应用；由形式符号来图解广告词；把所有的空间处理成形象的对立平衡；采用达达派的照片剪辑；强调直觉、幽默、戏剧性和无拘无束的效果；打破严格的数学秩序和结构；以游戏、意想不到和随心所欲代替以往的冷静、清醒和客观性设计；字体图形不再成为主要的构成因素；突出表现广袤的空间中对角方向运动以及离心运动，与国际字体图形风格那种蒙德里安式的正交构图形成鲜明的对比；追求丰富的色彩效果和形体自由的表达。

20世纪60年代早期，奥德马特和蒂西等人试图摆脱国际风格，他们将字体重叠在一起，形成紧密的整体，追求有效的空间安排和丰富的画面层次，通过戏剧性的构图、出奇的空间分割，字体图形的各种方向和动感，产生强烈的视觉冲击，使视觉上的动态特征同明确有效的信息传达结合。他们的设计还通过精心剪辑，使之脱出画面，既真实又富有新奇感。他们强调观念胜过视觉形式，相信单色的字体图形设计，只要赋予深刻的思想内涵，同样也能够达到彩色图形的视觉效果。他们以无穷的创造力处理图形的因素，以直觉的设计语言打破瑞士图形的传统风格。设计师斯特福·盖尔勒则追求形式的复杂性，对动态字体图形进行了深入探索，通过重复、交叉、重叠、复合、排列等手法使形式因素达到新的动态平衡，常采用旋转、反射、扩散等动感手法形成独特的设计风格。

到了20世纪70年代，瑞士图形艺术进入多风格时期，图形的艺术性极大增强，缩小了和现代美术的界限。设计上强调"4F"（Fresh、Fun、Faith、Free）特征：新鲜、真诚、有趣、自由，突出色彩效果，大量的印刷广告色彩华美动人，富有表现力，有的形体完全融化在色彩之中，追求复杂微妙的色调对比，而非简单的色彩和谐，在强烈对比色中应用典雅的黑白，纯粹字体图形的广告逐渐减少。商业广告和文化广告是图形艺术的两大领域，文化领域的题材包括展览、音乐会、戏剧、电影、体育、新闻、出版、学术会议等。瑞士图形艺术曾经极力提倡广告的艺术性，而反对艺术性低下的、充满铜臭的商业广告。瑞士图形艺术促使商业广告提高艺术性和创造性，构成字体图形的广告几乎都消失，随着色彩效果的日益加强，印刷图形艺术和美术的界限几乎消除。广告作为视觉艺术形式的观念已成为共识，审美价值和新颖独特成为评判现代广告的两条主要标准，印刷图形艺术不仅传达社会和意识形态的信息，表达人们的愿望、兴趣、精神、信仰、生活方式、趣味和观念，还能美化环境。

第四节　现代视觉艺术的影响

经济飞速发展，科学技术的进步改变了商业和工业。汽车和飞机的出现，彻底改变了原有的交通方式。电影和无线电的出现，人类进入传播新时代。两次世界大战，震撼了西方的文化传统和制度基础，视觉艺术同样经历了一系列创造性的革命。在现代主义运动中，野兽派和德国表现主义对视觉传达的影响很有限，立体派、未来派、达达派、超现实主义、风格派等画派却直接影响视觉传达的造型语言。

一、立体主义的影响

以毕加索为代表的立体主义艺术，喜欢用来自非洲雕塑的程式化几何形和后印象派的思维方法，喜欢用圆柱和球体及圆锥，把人体抽象成几何形的面，打破人体的传统标准，透视的空间让位于两个平面的模糊移动，人们从多个视点观看坐着的人像，用创造无限可能性的造型代替描绘物体的外貌。这一时期，艺术家常常从不同的视点出发分析题材的各个面，用这些感性认识去构成一个有节奏的几何面组成的画，真正的立体成为造型的视觉语言，用来创造有高度结构的艺术作品。立体派的作品画面结构极富感官和理性的吸引力，与解释题材的挑战之间往往存在冲突，引起未解决的紧张感，这就产生激发兴趣的魅力。

综合的立体派创造了符号造型，而不是表现题材的造型，他们描绘物体的本质，而不是其外部面貌。比如组合自然构图和画面空间的独立设计，运用黄金分割比例和模数的构图网络，把主题放在设计方案上。其作品画面形象，具有强烈的视觉感觉、鲜明的识别性及大众化的设计风格，把色彩、形状、招贴和对城市建筑环境的感受融入由鲜明色彩的平面组成的构图中。

二、未来派的影响

未来派的艺术家们倡导勇敢、大胆和反叛，他们认为，世界的伟大，已由新的美丰富了，没有比奋斗更美的了，没有进取心的作品不可能是杰作。未来派把版面设计拉上艺术的战场，革新古典传统的印刷版面、抛弃和谐成为其典型特征。因为喜欢"跳跃和爆炸的风格"，未来派艺术家会在一个平面上安排三四种色彩和20多种字体，以斜体代表运动和速度，以黑体代表剧烈的噪声和声音，使词的表达能力加倍，赋予自由、活泼的词以星星、飞机、火车、波浪、炸药、分子和原子的速度，他们发明了像绘画的印刷版式（称为"自由印刷版"和"自由的词"）。传统的印刷版面设计常用的横和竖的结构模式被未来派抛到九霄云外，他们从传统中解放出来，用动态的、非直线的构图，把词和字粘在需要的位置，供照相复制，使版面设计活泼生动。

未来派深受立体派的影响，并尝试在作品中表现运动、能量和影片画面的连续镜头。他们首先在视觉艺术中使用"同时性"这一概念来表达同时存在（同时出现）在同一艺术作品中的不同视点。未来派认为，字体与版式或印刷版式本身，可以成为具体表达的视觉形式，这一视觉形式最早出现在"模范诗"的创作中，德国诗人霍尔兹在诗中省略大写体和标点符号，用变化的词句表明停顿，为了强调效果，采用多个标点符号的重复，以表达和加强听觉效果。法国象征主义诗人则在自己的作品中使用大写、小写、罗马体和斜体，把版面设计和乐谱联系起来，把词的位置、字的粗细与声调在朗诵中的重要性和节奏联系起来。把诗的字形布置成视觉形象或象形文字。他们还探索诗和画的融合，把"同时性"概念引入印刷版面，成为结合时间和空间的版面设计。

三、达达派的影响

达达主义是典型的反传统艺术，他们继承立体派的观念，认为字形是具体的视觉形体，而不只是发音的符号。达达派艺术家声称自己不创造艺术，而是对过去的诽谤和嘲弄，但他们为视觉艺术作出的贡献有目共睹。他们发明了照相综合术（照相蒙太奇），通过重新组织照片的形象，创造了制造不和谐的并置和偶然的联系的技巧。达达派画家运用照相综合术形成刺目的错位，甚至直接从报刊上获取素材，因而成为战争时期有力的宣传武器，他们的视觉作品很快得到社会大众的认同和理解。达达派画家们还拿起辛辣的笔，用讽刺和漫画攻击腐败的社会，用画来表达政治信念和对颓废、堕落的强烈愤怒。

四、超现实主义的影响

超现实主义声称自己是名词的、阳性的、纯心理的和自动的，打算在口语上或文字上表达思想的真实作用，不受任何说理、任何审美或道德偏见的支配和控制，赋予超现实主义以梦幻的魅力、反叛的精神和不可思议的潜意识。达达主义曾是消极的、破坏性的，而且永远是表现主义者。超现实主义则通过画家影响社会和视觉传达，他们创新了设计传达技巧，如通过拼贴技巧重新创作奇特的插图形象。他们还直接把图像转移到画面上，用意想不到的方式结合多种形象。超现实主义的这种方法被广泛应用于招贴、插图、图书封面的设计和绘画作品。

超现实主义中的符号派，用纯视觉的语言词汇进行创作，运用视觉的自动作用（直觉的意识流图画和书法）创作内心生活的自动表达。通过变形，直觉地表现画面的基调，并使之成为有机的形体。超现实主义对视觉传达的影响是多方面的，它提供人类精神解放的诗意实例，他们的创新表明，可以用视觉语言来表达幻想和直觉。

五、风格派的影响

蒙德里安的绘画是风格派视觉形式发展的源泉，受立体派的影响，他以传统的风景画视觉表现手法为基础，吸收了后期印象派画家梵高表现自然力的象征风格。蒙德里安清除了艺术表现中的一切表现元素，把立体派演化成纯粹的几何抽象。他把视觉词汇减少到使用原色（红、黄、蓝）及黑色和白色，形体和造型限于直线、正方形和长方形。蒙德里安利用这些手段，构成庄严的不对称平衡构图，使元素的紧张感和平衡达到绝对的和谐。除了有限的视觉语言词汇，风格派探索表达宇宙的数学结构和自然中普遍的和谐，他们关心时代的精神和理性的气质。风格派还通过他们的杂志，将其艺术理论和哲学传播给社会大众，提倡应用艺术吸收纯艺术，艺术精神可以通过建筑、设计产品和视觉传播设计渗透到社会各领域，风格派的思想直接影响建筑、工业设计和广告视觉传播设计。

六、摄影和现代主义的影响

就像未来派、达达派的视觉传播设计处理曾经影响广告的视觉设计一样，作为一种表现技术，摄影比绘画更能记录精确的现实。20 世纪初，摄影师、画家开始探索多次曝光技术和暗房处理技术，从人们难以发现的特殊角度去拍摄，甚至使用了科学研究时才使用的显微摄影技术来拍摄类似图案的画面，帮助人们发现图像世界的"新大陆"。现代主义的摄影师创造性地发展了摄影技术，使摄影图形成为全新的艺术表现形式，对视觉传播手段和视觉语言的发展作出巨大贡献。计算机技术广泛应用于图像和图形设计，使广告视觉语言的表现形式更加丰富多彩。[1]

---

① 陈原川. 视觉设计基础［M］. 杭州：中国美术学院出版社，2019.

第三章 广告视觉设计的基础

第一节 视觉设计的内涵

视觉设计的基础是装饰艺术与审美。要充分了解视觉文化的概念与历史，体会在不同文化中蕴含的不同艺术审美。不同的视觉文化下，其典型的装饰纹样各不相同，它们所拥有的内涵美与形式美是当今设计领域宝贵的艺术源泉。体味并灵活运用传统装饰艺术是每个设计师都应熟练掌握的能力。

一、文化与审美的历史发展

（一）视觉文化的概念

广义上，视觉文化概念强调文化层面，它是一种价值观念和个性特征的表现，这种特性是由视觉文化促成与传播的。对于视觉文化的界定，从广义的角度来说仍然充满了文化学意义。狭义上，视觉文化可以包括艺术和设计的所有形式。它涵盖了各种不同类别的艺术样式，各种不同类型的设计，甚至广告标语、穿戴服饰、面部妆容等都有可能包含其中，是一种纯粹的研究视觉经验的概念。

（二）视觉文化的历史流变

整个视觉文化的历史变迁都是基于视觉载体的变化不断演变的，其整个流变过程可以分为三个阶段。

1. 图像符号——文明发源阶段的文化模式

人类历史在真正意义上发源起来始于第三次冰河时期，与此同时，创造图像和视觉资料的能力也开始发展了。人类视觉文明最早的展现形式可以追溯到第一个有意识的石器造型、第一道深邃的刻痕，这些都是我们的先人最初表达自我认知和世界认知的主要载体，是人类最早的"史诗"。然而，图像转化为象形文字只是当时图像世界中很小的一部分，更多的是由注重图像的内容转到注重形式的发展，这样就产生了绘画艺术。同哲学、科学、宗教和道德一样，绘画作为艺术门类之一，同样是表达"人类在生活中体验的境界与意义"的手段之一。

2．文字——视觉信息传播的重要途径

人类的思维和认识在不断地进化成长，我们通过较强的思维能力和对世界的更深层认识开始将图形抽象符号化。在这一过程中，人们创造了对视觉文化甚至整个人类文化都有非凡意义的符号——象形文字，人类在此基础上一步步创造出了一个伟大的文明——文字。

3．复制图像——现代社会的主流视觉

绘画领域的发展出现了一系列的绘画规则，如黄金比例，构图上的"近大远小"，透视法。这些绘画原则的出现正是为了能够绘制出与观察对象在最大程度上达到一致的图像。在科学技术的不断发展中，摄影技术从绘画那里接过了接力棒，在对透视法的不断探索中，一个新时代——图像复制时代到来了，这成了现代社会一个重要的视觉载体形式。

（三）审美观念的历史流变

视觉设计审美的每一次更新迭代都会引发一定的设计风格运动的出现，而视觉设计的风格与不同时代的艺术思潮都是紧密相连的，大多可分为这样几种：维多利亚风格、工艺美术风格、新艺术风格、装饰艺术风格、立体主义风格、俄国构成主义风格、"风格派"风格、未来主义风格、超现实主义风格等。

综观长久的艺术思潮变更，立体主义是一个分水岭，它将现代派艺术和传统艺术分离，从侧重写实转变为对艺术家主观表现的注重，立体主义后的达达主义、未来主义、风格派、构成主义等都对造型、色彩等形式语言有了极具个性和特点的探索，表现了艺术家的个人情感状态，是高度精神性的表达，而这些艺术形式都直接地渗入了设计的各个领域，在创作观念和表现形式上都对设计有十分深刻的影响。

现代主义设计风格在整个视觉审美演变的历程中处于最重要的

位置。从包豪斯开始，设计风格变得以简洁、功能性为主要特点，而在这样的世界性设计运动的影响下，我国的平面设计也呈现出简洁风格。现代主义的极致简洁化使艺术和设计逐渐丧失了对个性化、情感化、民族特色的追求，由此国际上滋生出了后现代主义风格，主要是以泛娱乐化、游戏态度、强调个性的形式进行设计的视觉表现，例如波普风格、行为艺术、视觉摇滚等。后现代主义并不是某一种统一风格，而是囊括了各种具有个人特性的艺术形式，是一种属于年轻人，代表一系列追求新颖异化的设计者的综合风格形式。但总体而言，后现代主义风格表现出的是对快乐和自由的追求，以及对个性、个人情感的注重，这些对当今多元化的设计风格起到了很好的促进作用。

二、装饰设计的内涵美

装饰设计的内涵美主要体现在设计艺术自身的文化中，美不仅对文化具有直接的影响作用，而且是构成文化的主要内容。

设计的过程在广义上来说是文化创造的过程，综观世界各国历史文化精髓，不同的文化体现出的美都与其装饰设计有着密切的关系，如我国商周时期的青铜艺术体现出的是狰狞而肃穆的美，而古希腊的雕塑艺术又体现出高贵而恢宏的美。装饰设计中的文化内涵美是在文化的基础上为设计注入民族特征的因素，使人在视觉上、心理上都有一种凝聚感，增添了更多感性的韵味。

就文化自身来说，它是一个多层面的概念，包括了物质文化、行为文化、制度文化、精神文化，而与此对应的设计美中也包含着多层次的文化内涵。设计审美是以文化内涵的物质层面为主，即文化一定是以一种具象的形式为媒介进入设计实体中的，如我国故宫的建筑设计就是以其功能性的材料、造型、色彩为形式体现出我国明清时期的文化内涵，具象地体现在一木一石之上。它是中国古典精神的物态化，是体现中国文化内涵的设计。

三、装饰设计的形式美

（一）概念

装饰设计的形式通常由点、线、面和色彩构成，是一种对美的认识，造型与色彩的结合具有一定的规律，我们称之为形式美法则。形式美的基本法则包括了变化与统一、对称与均衡、对比与调和、节奏与韵律。

形式美法则既体现了对传统文化的思考，也能传递出设计者对时尚个性的追求。平面设计将功能性与审美性进行巧妙结合，既实现了信息的传播，又完成了视觉上的审美传播，这种结合离不开形式美的作用。

（二）类型与表现

1．稳定美的体现

稳定，不单单只是物理学意义上的力的平衡，艺术设计中的平衡更多的是强调设计作品在视觉形式上的感受力在受众心理上的平衡。而艺术设计中稳定的实现方法通常是采用动静结合的手法。就中国传统设计的表现特色来看，我国艺术家大多偏爱对称形式，无论是传统庭院的组群布局，还是传统装饰纹样都体现了对称美。对称美是儒家文化内涵的形式表现，同时也给人以稳定敦实的心理感受。

西方设计同样追求稳定之美，美国后现代主义理论奠基人罗伯特·斯特恩设计了纽约劳森住宅，这栋建筑的主体立面采用对称的形式，在视觉上呈现稳定平衡之美，幽默而生动。

2．节律美的情感融合

艺术中的节奏是一些形式因素的组合，物体的高与低、长与短、厚与薄，而节奏与韵律就在这些因素的对比中凸显出来，通过对这些元素的组合使用来达到与对象和环境相和谐的目的。

3．数理秩序美与科学美的凝结

艺术美的发展是从感性的认知到与科学分析的结合，由于对事物的认知逐渐有了更理性的分析，因而追求更准确、更符合自然规律的美。例如，当绘制海螺时，艺术家们都了解其中蕴含的黄金分割比例，这种结构秩序使天然海螺自身就具有一种形式美，是自然创造的客观存在的科学规律。而从美学角度上来讲，自然的秩序结构为我们提供了创造美的途径，是一种很有价值的形式。

4．变化中寻求统一的和谐之美

和谐美是我们在艺术和设计中追求的、重要的、美的形式。艺术设计过程包含了形式要素和内容要素，是两者的巧妙结合，而形式和内容的要素又是多种多样的，所以设计时就要求设计师统一整合这些要素，达到一种和谐之美。

5. 视觉与触觉之美的传达

艺术设计作品是直接作用于人体感觉器官的，视觉、触觉甚至嗅觉都是我们感知艺术、感知设计的媒介。音乐这一艺术形式便是通过听觉来作用于听众。在感官上引发共鸣是判断一件艺术作品好坏的重要标准之一。而设计中的物质媒介主要是通过材料特性来表现的，任何一种材料在其感官知觉上都有自己的特性，这种特性是由材料表面组织构成的，是材质自然美的直接表现形式。

第二节　视觉设计的语言

本节首先从地域上对视觉文化进行了对比，反映出图形语言的差异性，强调了印刷基础对图形语言表达的影响。印刷技术是中国古代具有重大意义的设计发明，它的出现使视觉语言发生了质的变化。

一、不同土壤的视觉文化

（一）东西方文化的视觉差异

1. 西方视觉文化：极简主义风格

20 世纪 60 年代，极简主义在美国兴起，又称"极少主义"。极简主义追求所谓的"简约而不简单"，即运用简洁而高度概括的表现形式将物质的原始形态展示出来。下面几点是极简主义风格的特征：

第一，反装饰。极简主义排除多余繁杂的装饰，认为世间万物都可以用基本的几何元素组合表现，简单的点、线、面、方、圆、锥等基础形态就能表现事物最本质的结构，甚至只通过单一几何形的重复拼贴、系列化处理就可形成一件统一而和谐的作品。不会使用过多颜色，通常只用黑白灰三色。极简主义是运用简单的装饰形式来达到极致简洁化、风格化的装饰体验。

第二，新材料。科学技术的发展为社会创造出了各种新材料，材料作为设计最基础的物质依托，其丰富性在一定程度上决定了设计的丰富性。基于新技术的新型材料给人以科学的冷漠感，例如，玻璃、不锈钢相比传统的木材、石料就明显冰冷了许多，传统材料中多少都隐藏着人和自然的情感，而极简主义追求客观地展现作品，它更偏好无感情的新材料，彻底抛弃人的因素，让受众可以更加直观地注意到作品本身。

第三，构成形式。在形式方面，极简主义同样尽可能地精简了作品的自身结构。设计者们去掉了一切可能引起观者联想的细节，以最纯粹的构成形式表达作品，是对事物本质的理性表现。

第四，以人为本。由于极简主义在装饰、材料、构成方面的简洁化，观者与作品本身有了更好的直接交流，观者会融入作品本身以自己的视角去体会作品，形成"作品—人—环境"和谐共存的空间。作品因观者思想认识的不同而被赋予不一样的内涵，从而达到"作品虽简却内涵丰富"的境界。

2. 东方视觉文化：由儒、释、道三家的哲学思想构成的美学体系

中国传统古典美学注重作品的内在精神，即"道""气""意境"之和谐统一。由儒、释、道三家的哲学思想构成的美学体系直接影响了中国古代乃至现代的艺术形式，并通过书法、绘画、工艺美术等方面呈现。现代中国设计将这些传统审美形式融会贯通，应用到设计的多个领域中。例如，"留白"这一个中国特有的绘画语言，无论在传统还是现代的艺术作品中的运用都十分广泛，通过对部分空间保留纸面本色从而达到一种"虚实相生"的境界。

（二）东西方文化的图形语言差异

在东西方视觉文化和审美理念的影响下，东西方的图形也存在很大的差异。对于东方图形来说，文化和视觉语言是统一的，是凝聚在一起展示的，如"太极"，就是受道家思想而形成的，具有浓厚的文化意味。而西方图形的特征多表现为开放性、吸收性、创造性和象征性。

二、印刷技术的基础语言表达

印刷术是我国古代四大发明之一，古代的印刷分为雕版印刷和活字印刷。印刷术在社会文化发展上起到了举足轻重的作用，如今，随着电子技术、计算机技术等高科技产业的迅速发展，社会需求的逐步扩大，印刷术的发展也从未停止过，印刷的作用在艺术设计中尤其凸显。从印刷方式来看，可分为四类。

（一）凸版印刷

与印章的方式相似，凸版印刷通过将图文部分突出，高于空白部分，然后在图文部分着墨，通过与承印材料的直接接触，将油墨转印到承印物上。凸版印刷是一种较老旧的印刷方式。

（二）凹版印刷

与凸版印刷相对应，凹版印刷的图文部分低于空白部分，形成了深浅不一的图文网穴，印刷时通过网穴将油墨转印到承印物上，通过网穴的深浅即油墨的厚度，来表现图文的明暗关系。凹版印刷的成本相对较高，在我国多用于钞票、股票基金等有价证券的印刷，凹版印刷自身就具有防伪的功能。

（三）平版印刷

平版印刷顾名思义就是印版的图文部分几乎与空白部分处于同一平面上，印刷时为了区分两部分会先在空白部分注水，防止着墨时油墨沾到空白部分，从而只有在图文部分会着墨转印到承印物上。平版印刷印出的作品层次丰富、色彩鲜艳、质量好且成本低廉、印刷周期短，目前广泛应用于报纸、杂志、书籍的印刷。

（四）孔版印刷

孔版印刷是通过一定的压力使油墨穿过印版上的孔眼转印到承印物上，从而形成图形文字。它包括了誊写版、镂孔花版、喷花和丝网印刷等。其中应用最多的就是丝网印刷，丝网印刷有着批量大、价格便宜、保存期长、色彩鲜艳等优势。

三、平面图形创意设计

（一）图形创意概念

"图形"是指书画刻印的作品，或说明性的图画，是可以大量印制以及通过广泛传播来传达信息和思想的视觉形式。图形创意是对图形的突破创新，打破原有图形概念，将新的图形概念应用其中，即将两个或多个图形进行相似点的嫁接从而出现一种新的图形形式。

（二）图形创意的起源与发展

图形创意可以追溯到远古时期，早期人类在石头上篆刻涂绘出最初的图形符号，之后随着技术的进步，图形创意大致经历了三次重大发展。

首先，是原始图形向文字转化的过程。社会的发展成熟促进了人与人之间的交流，原始的图形已经不能满足人们的交流需求，于是在对事物认知更进一步的基础上，人们将原始图形简化，从而形成了一种新的符号——象形文字，这标志着人类文明的一次巨大进步。其次，是造纸与印刷术的发明。它们的出现使人类的信息传播得以在更大范围内进行。最后一次发展起源于产业革命。19世纪欧洲工业时代的到来，使社会整体在技术层面上有了质的飞跃。新型的机器设备大大加快了生产创造的速度；照相机、电影的出现也为图形设计创造了新的表现形式，开拓了广阔的天地。

第三节　视觉设计的构成

数字化时代的到来给视觉设计带来的影响不输于历史上任何一次艺术的变革，这是一个全新的时代，是一个信息的时代。而视觉设计作为信息传递的首要艺术手段自然要发挥其新时代的特色，App、网页、H5、UI等各种新兴的创新视觉设计手段给信息的传播带来了一种新的形式，应用更加广泛，也更加深入人心。除此之外，还有伴随着数字技术出现的视觉交互体验，这些无疑是未来视觉设计的重要发展前景。

一、信息集成的视觉传播

数字化时代的到来使整个社会的表现形式都发生了巨大的变化，视觉传达设计作为信息整合传播的重要途径，数字技术对其影响更是翻天覆地的。视觉传达设计走向了一个新舞台：互联网、数码技术、多媒体等各种新式视觉表现载体使平面设计突破了原来二维层面的范畴，扩展到了三维、多维甚至多学科的广阔范畴中。视觉传达设计拥有了更加多样化的展现形式，给人以全新的视觉效果和感召力。

二、沟通方式变革的视觉创新

（一）App 设计

App(Application)意为"应用和使用"。智能化时代最重要的产品设计——智能手机以几乎每年更新换代的速度发展着，与之关系最为密切的软件 App 的设计同样如此。

App 设计不仅仅包括了对其界面视觉的设计，更重要的是其信息的整合归纳性，它是一项具有创造性的工作内容。不仅要求设计人员通过有效的措施来吸引用户视觉，准确地表达信息，同时需要综合考虑整体设计，以功能的要求为主要出发点，将信息进行细分、规整，划分到不同的界面模块，使其既充实又有统一性，这样才能在一定程度上实现理想效果。而在视觉方面更多关注的是界面整体风格，包括文字、排版、色彩是否统一于整体的信息偏向。

（二）网页设计

互联网时代，网页设计就其狭义概念来说可以看成一个个网页设计的集合，网页是构成互联网的基本元素，是网络给用户的最直观的视觉体现。网页设计因信息时代的背景拥有信息量巨大、涉及范围广等特点，它既包括传统的平面视觉载体，如报纸、杂志、海报等，还具有自身的设计特色，最大的特色就是交互性，它所考虑的因素十分复杂，包括视觉美学、人机工程学、心理学、哲学等领域。

相比其艺术性，网页设计更讲求实用性，它最重要的作用就是向用户传达信息，满足用户的需求。不同的用户要求不同的页面设计风格。而视觉设计就是引导用户更好地发现他们所需要的信息，有效地利用知觉规律是十分有意义的。

（三）H5 设计

5G 时代的到来为 H5 网页设计带来了前所未有的机遇和挑战。5G 网络的高速和低延迟特性，使得 H5 页面加载速度更快，用户体验更流畅。设计师可以更加大胆地使用高清图片、视频和动画元素，打造出更具视觉冲击力的页面效果。同时，5G 的广连接特性也拓展了 H5 网页的应用场景，使得其能够更好地服务于物联网、智能家居等新兴领域。然而，这也对 H5 网页的设计提出了更高的要求，需要设计师在保持美观的同时，更加注重页面的响应速度和兼容性，确保在各种设备上都能呈现出最佳效果。

（四）UI 设计

UI 是用户界面的简称，UI 设计又被称为界面设计，是综合软件的人机交互、使用者的操作逻辑以及操作界面美观性的整体设计。UI 设计主要分为实体和虚拟两大类，通常在互联网行业中，所提及的 UI 主要是指虚拟 UI。

三、技术多元的视觉交互体验

（一）虚拟交互技术

早在 20 世纪 80 年代，虚拟现实的概念就已经产生了，如今虚拟交互技术被人们更加重视，是近几年最具发展潜力的新兴产业之一，具有革命性的意义。

虚拟现实技术在当今社会中还处于发展阶段，目前更多的虚拟现实技术应用于交互性的游戏中。虚拟现实技术更好地提升了游戏体验，让游戏的交互性特点更好地体现出来。这也让体验型游戏产品有了更好的发展机会，得到了生产开发商的认可。

（二）3D 全息投影

3D 全息投影技术的发展，给人们带来了新的视听体验。同时，在广告行业中，3D 全息投影技术的应用给广告行业带来了一场盛大的视觉革命。

如今，3D 全息投影技术正在被应用于越来越多的领域当中，以虚拟影像的方式给用户带来了更好的互动体验。同时，技术的不断提升也为艺术带来了更多的经济价值。

（三）互动设计（包括互动投影等）

通常我们认为的传统媒体艺术包括绘画和雕塑等，新媒体主要包括通信、媒体和数字传达等。新媒体通过各种不同的现代化设备来达到与用户互动的目的，使用户得到更好的体验。新媒体技术可以概括为数字艺术、计算机处理、视觉艺术、网络艺术、交互艺术和技术、机器人技术以及生物技术等。

在众多新媒体的不同表现形式中，唯一的相同点就是观众与展品具有互动性的关系，这就使展品的形态甚至意义发生了改变。互动是一个早已存在的现象，在人类生活中，互动无所不在。用户与媒体之间的互动关系是新媒体与传统媒体的根本区别。

新时代中存在着多种不同的展示方式，将视觉、听觉、触觉与时间、空间、运动相融合，从而得到人类历史上前所未有的审美体验。

第四节　视觉设计的性质

一项设计作品完成，最终还要经过专业的视觉评价，从其构成性、审美性、文化性三方面进行全面评估。构成性是基础的视觉构成元素，如点、线、面、空间、色彩文字等的运用是否合理且给人以舒适的视觉感受；审美性要与文化性相结合去考量，将作品融入其特殊的文化背景下，看它给人带来的审美体验是否符合时代背景，且是否被现代审美所接受。这些都是评判一项设计作品的重要原则。

一、构成性——视觉形式的构成原则

（一）点、线、面、体

1．点——最简洁的形态

在构成设计中，点使用得当，能够吸引观看者的注意，稳定图示与造型在某些特殊构成形式中还能够起到增加画面动感的作用。

2．线——表现运动质感的元素

线由点的移动形成，只以一维的形式存在，而且没有宽度与厚度，这是线在几何学中的定义。对于视觉设计来说，某种形式的外形能够表现线条的形态。正如法国的视觉美学家德卢西奥·迈耶所说："线条是一幅作品构图中最为基本的部分，构图中的动态、体积、阴影和质感都是以线条来描绘，都是产生于线条的。"

3．面——最直观表现形体轮廓的元素

从几何学的角度来看，线的移动形成了面，它有长度、宽度而没有厚度。事实上这个概念一般来讲指的是几何形面，它的特点是简洁、稳定和秩序感强。自然界中的几何形面大概分为有机形面和无机形面，设计师在设计过程中以设计目的为依据进行选择。

4．体——具有空间表现力的元素

面有了厚度便形成了体，体是三维的、立体的。例如，我们生活的空间，按照形态特点大致分为三类：几何体、有机体、不规则体。

（二）空间——实体与虚空的混合元素

空间从存在形式上可分为物理空间与心理空间。物理空间是一种空间存在的客观形式，是通过实体的围合与限定形成的。心理空间则与人对空间的认知有关。艺术上的空间概念分为内空间与外空间，分别指的是形体结构的内部与外部。

（三）光影——具有时空双重效应的元素

物体的受光部分对于光的作用能够产生多种反应，如吸收、反射、干涉、折射、衍射、偏振、散射等，背光部分则产生阴影。光能够产生的效果十分丰富，从视觉的角度来看，光线的角度、强弱、色温变化都能够产生不同的视觉效果，而且光与影的搭配能够增强物体的体积感和环境的空间感。在时间上，也可以通过光的变化来进行感知。

（四）色彩——最富于情感表现的元素

现代色彩构成训练以人对色彩的视知觉和心理效果为出发点，以科学性较强的色彩理论知识为基础，利用色彩在空间、量与质的多样性进行合理搭配，对色彩给人的心理感受、视觉效果和情绪反应进行分析。同时它也能够在美学角度上为高质量地完成设计奠定色彩基础。

（五）肌理——表现质感的元素

从视觉角度来看，肌理指的是物体纵横交错、粗糙细腻的纹理变化。肌理的形成原因多种多样，如自然作用、人为外力，还有物质本身具有的肌理。肌理丰富了物体的视觉效果和感知效果，也丰富了我们对客观世界的认知。

（六）图形与图像

图形是视觉形象的一种，与语言文字的视觉形象有所不同，图形的说明作用通过图画形象来产生。通常来讲，图像包括了图形和影像，为人类构建了一个形象的思维模式，同时也具有自然、真实地记录和传递信息的作用。图形和图像是一种信息传递的必要手段，其传递特点是高效简洁、艺术感染力强、具有趣味性，信息接收者能够对信息快速、准确地理解。

（七）文字

文字和图形一样同属视觉构成元素，是构成设计艺术的重要部分。文字起源于图形，图形由一种具象的图画形象在人类的生产生活中逐渐演变成文字，自然也承袭了图形的美感。文字的构成设计同样以点、线、面为主体元素，通过它们的变形和组合形成文字，进而传递信息。文字的大小变化可以在一定程度上产生韵律感，根据大小变化的程度，可以产生不同的视觉效果，对于重点信息的传递具有良好的辅助作用，同时还可以活跃画面，是设计中不可或缺的一部分。

（八）新材料

人类历史上材料的变化反映了时代的变迁，与历史和科技息息相关。材料的肌理、色彩、形状的组合是千变万化的，为造型的构造带来了多种可能，使之富有魅力，同时也为构成设计提供了新形式、新的视觉变化。

二、审美性

（一）东西方艺术审美的共性

东西方艺术都产生于人类的原始阶段，在艺术审美上存在一定的共性，都比较推崇对称、均衡、和谐的美。西方历史中，无论是古埃及、古罗马时期的建筑设计，还是十七八世纪的欧洲古典园林设计，都严格遵从严谨的几何学理念。在现代建筑设计中同样如此，比如意大利的"祖国祭坛"、美国的白宫等。

（二）东西方艺术审美的差异性

东西方艺术观念和艺术表现的差异来源于东西方文化环境的地域差异、生活方式、耕作模式、文化传统与思想观念的不同，个人英雄主义思想与天人合一的整体意识不可避免地产生碰撞。中国的传统观念很大程度上受到儒家思想的影响，强调"中和"之美，重视人与社会、人与自然、人与人的关系，推崇情与理的统一。相比而言，形态上比西方更重视气韵。西方文化受到西方哲学的影响，讲究主观与客观的区分，更加强调以个体为美。秉持着理性的态度，对物象进行几何式的排列与组合，在矛盾中寻找统一。

从东西方的园林设计中，我们可以看出，中国园林讲究浑然天成，尽量不露出人工雕饰的痕迹，遵循着"虽由人作，宛自天开"的设计理念，强调的是自然美。而西方园林是一种规则式园林，特点是整齐一律、均衡对称，将区域内的设计元素限于几何形制的约束中。

三、文化性——文化传播的个性原则

民族文化不是一种具体可触的物体，而是一种抽象的概念，要对其进行感知就需要将其转化为具体形态，情感的表达同样如此，造型是为最终的表达目的服务的。各国的文化风俗都有所不同，用来表达信息和情感的视觉语汇自然各有差异，对它们的探究应该立足本土文化，突破表层现象与视觉信息进行深入挖掘，洞察本民族设计的深层文化心理结构、民族风格造型的现代意义、文化的历史源流，捕捉本民族情感语言的独特表达方式，以及通过其造型、色彩等呈现出来的本民族文化特有的性格。①

① 陈佳，黄克勤. 广告设计概论［M］. 成都：电子科技大学出版社，2016.

第四章　广告视觉设计的准备

第一节　广告设计市场调研

市场调查是广告活动的前奏，是实施广告战略与策划的依据。在滚滚商潮中，只有知己知彼，方能百战不殆。因此，市场调查是一个重要且必不可少的阶段。

一、市场环境调查

市场环境是指企业周围的综合因素，包括社会、人文、地理、政治、经济等，这些因素共同作用于企业的生存和发展。只有弄清楚了各个因素的关系，才能准确地找到广告定位，并通过媒体把企业及产品的信息有效地传递给消费者。

（一）人口、自然环境调查

人口调查是根据人口统计标准对一个具体地理区域的人口状况进行的调查研究，如目标市场的年龄、性别、民族、文化程度、家庭收入等。女性消费主义时代正悄然到来，女性成为市场的主体。走进购物商场，我们可以看到琳琅满目的女性用品，如服装、化妆品等。而电子产品、金融服务等则由男性占据了大部分市场。家庭收入是影响消费者购买行为的最大因素。家庭收入的水平不仅决定了购买商品的数量，也决定了其质量。中高收入者会追求生活的品质，重视商品的质量、款式等，而低收入者更多地考虑是否经济实惠。

自然环境是特定区域的地理环境、气候环境以及生态环境等。一一般来说，广告目标市场的自然环境相对比较稳定，但是，它们一旦发生变化，也会影响到广告决策。

（二）社会文化及风土人情调查

社会文化是人类历史的积淀，是在同一社会体系下，社会成员彼此间共有的价值观、思想体系、行为观念及对物或符号的解释。

1. 区域文化

不同的区域会形成不同的文化，不同的文化又深刻地影响着产品的生产与消费，影响着广告运作的方式。在制定广告策略的时候，一定要把握好区域文化的本质，尤其是该区域包含的民族感情、文化禁忌。例如，在西方象征纯洁的白色，在中国某些场合则代表死亡；在中国代表冰清玉洁的荷花，在日本又代表祭奠；美国崇尚自由，思想开放，而阿拉伯人则不喜欢肢体外露。因此，我们在从事广告活动时，应该充分考虑区域文化的不同特性，如民族感情、风土人情、文化禁忌等。金利来（Goldlion）领带最初在中国香港上市的时候，取了一个中文名字"金狮"，投入很多，营销效果却很糟糕。营销者百思不得其解，在一次偶然的考察活动中，他们发现粤语中"金狮"读起来不是很吉利，而香港人是特别讲究"吉利"的。经过一番市场调研之后，最终"Goldlion"把中文名称改成"金利来"，意味着黄金和利润滚滚而来，从此在香港市场上红火起来。

2. 主流文化与亚文化

每种文化都是由主流文化与亚文化构成的。亚文化是在主流文化背景下形成的不同分支的价值观念及生活方式，对消费行为的影响可能更明显。就国内来说，北方人比较豪爽，南方人则比较细腻；北京人往往宏观思维，强调"官本位"，而上海人则是细致与精明，讲究实效。从我国的民族分类来说，我国有56个民族，各民族间存在着一定的文化差异，在饮食、服饰、居住、婚丧、节日等方面都各有特点，也直接影响到人们的需求欲望和消费行为。

（三）技术环境调查

科学技术深刻地改变着这个世界，也改变着人们的生活方式。一方面，技术进步促进了消费需求的多样化和分散化。另一方面，随着人们生活水平的提高，消费者对产品的选择越来越挑剔，又促进了企业的技术革新。在激烈的市场竞争下，每一项新技术的诞生都意味着对传统行业的冲击。例如，空调的普及夺走了部分风扇的市场，手机的出现对手表是毁灭性的打击。技术的进步、产品的更迭深刻影响着企业的生存和发展，是广告策划前必须面对的现实问题。

（四）经济环境调查

经济环境包括经济制度、经济发展阶段和购买力状况等内容。经济环境的好坏对广告决策影响最大。经济环境对市场营销和广告活动的影响主要是指购买力的影响，而影响购买力的经济因素主要是生活水准。生活水准是一个国家平均拥有和消费的物品及服务的数量和质量。生活富裕的地区购买力就强，贫困的地区购买力就弱。国内外的经济形势也是影响购买力的重要因素。经济景气、繁荣，消费需求及购买能力就容易上升，反之，经济萎缩，消费欲望及购买力就会下降。例如瑞典宜家家具公司进驻中国市场后，通过分析中国国情，将市场定位在普通工薪阶层，却获得了各个消费阶层的追捧，在中国大获成功。

（五）政治法律环境调查

政治法律环境包括政治环境和法律环境。

政治环境的变动可能给企业带来机遇，也可能带来挑战。法律环境是指国家或地方政府颁布的各项法规、法令等。我国还颁布了《中华人民共和国广告法》，以约束企业的广告运作，维护市场竞争秩序。企业作为一个开放的系统，法规政策环境对于企业准确判断经营环境、制定广告战略是至关重要的。

二、消费者调查

消费者调查是市场调查的核心内容，目的是通过研究消费者的消费心理和购买行为来制定相应的广告目标和策略。

（一）消费者的心理因素有动机、态度、感觉和学习行为

动机是指消费者的购买行为出自一定的动因，它来自人本身的各

种需求。根据马斯洛的理论，人们的需求包括生理需求、安全需求、社交需求、尊重需求和自我实现需求。因此，广告人员应找到消费者的某种需求和兴趣点，找到消费者产生这种需求和愿望的原因，只有广告诉求的利益点与消费者关注的利益点吻合时，才会产生在需求层面上的共鸣。

态度是指消费者对某种商品所持有的信念。这主要源于后天的经验、社会的影响和对商品的了解。消费者的态度直接影响着购买行为。

感觉是消费者对产品的直接感知，包括视觉、听觉、嗅觉、味觉和触觉等方面的体验。消费者对产品的感觉会影响他们的购买决策，因为感觉可以提供关于产品质量的直接信息。营销人员通过设计具有吸引力的包装、提供愉快的购物体验和创造令人难忘的品牌形象来影响消费者的感觉。

学习是消费者在购买和使用商品的活动中，不断地获取知识、经验与技能，通过积累经验、掌握知识，不断完善自身购买行为的过程。

（二）消费者的购买行为可分为简单购买、复杂购买和习惯购买

国外市场营销学家把购买行为细分为"5W1H"：When（何时购买）、Where（何处购买）、What（市场需要什么）、Why（为何购买）、Who（购买者是谁）、How（如何购买）。

1. 简单购买行为

商品及服务已被大众认知和接受，产品技术含量和价格较低。对于价格低廉而又经常购买的商品，消费者的购买行为最为简单。这种购买行为随机性大，可以通过价格的优惠来吸引消费者。

2. 复杂购买行为

复杂购买行为是针对技术含量高、比较昂贵的商品，如照相机、手表、电脑等。消费者在购买此类产品时，需要一个咨询学习的过程，通常是先通过网上查询或询问用过此类产品的群体来了解产品情况，然后通过整合分析信息来决定购买行为。对于此种购买行为，企业应采取有效措施帮助消费者了解自己产品的特性、功能和技术参数。

3. 习惯性购买行为

习惯性购买行为是针对价值低、品牌差异小的商品。例如，消费者对某个商品使用后感觉不错，一般会形成对这个品牌的习惯性购买

和消费。针对这种行为特点，企业应保持商品质量和价格的稳定，以此来赢得消费者的信任和依赖。

三、产品及企业经营状况调查

（一）产品情况调查

产品是指企业向市场提供的能满足消费者某种需求的任何有形物品和无形服务。产品是维系企业与消费者的桥梁，是广告活动的中心。在现代市场营销观念中，产品是一个整体概念，分为核心层、有形层和附加层。

核心层指的是产品的功能和效用，是消费者最关心的问题。企业在制定营销策略、广告策略时，应该有效地切合消费者的利益点。

有形层指的是产品的形式层，产品的核心层是通过有形层反映出来的。有形层包括产品的外观、质量、品牌名称等。随着生活水平的提高，消费者追求生活品质毋庸置疑，但是过犹不及，例如每到中秋节，市场上就会出现高价月饼，其漂亮高档的包装是以昂贵的价格为代价的，虽然迎合了一些人追求品质的心理，但也扰乱了市场竞争秩序。

附加层指的是产品的扩大层或延伸层，是顾客购买有形产品获得的全部附加服务和利益，如免费送货、安装、售后服务等，是影响企业信誉度的重要因素。

（二）产品生命周期调查

产品有一个生命周期，从引入期到成长、成熟期，最后到衰退期，即从进入市场到最后被淘汰出市场的整个过程，为产品的市场寿命。研究产品的不同周期阶段，可以更好地了解产品及企业的发展趋势，并适时调整广告战略。

（三）企业经营状况调查

企业经营状况调查主要是对企业的经营管理、营销战略、企业形象等因素进行综合分析，是对广告主的过去、现在和未来计划的一种了解。企业经营状况调查一般采用SWOT分析法，即Strengths（优势），Weaknesses（劣势），Opportunities（机会）和Threats（威胁）。

四、市场竞争环境调查

市场竞争环境调查是企业进行营销活动的前提。面对激烈的市场竞争，企业只有全面了解各个竞争因素，才能准确把握自身所处的位置是优势还是劣势，是机会还是威胁，为进一步制定营销战略提供依据。美国哈佛大学教授迈克尔·波特提出了5种竞争力量模式，分别是新进入者的威胁、替代品的威胁、买方讨价还价的能力、销售商讨价还价的能力及现有竞争者之间的竞争。

五、广告媒体调查

广告媒体调查指的是对广告信息借以传播的物质、技术手段的性能所做的调查，如对媒体的特性及接触率等方面所做的调查。传统的广告传播媒介主要有报纸、杂志、广播和电视，这四大媒介具有覆盖面广、受众多的特点。随着网络技术的普及，网络媒体成为其后的又一种媒介力量。同时，户外广告是一股不可忽视的力量，如我们熟悉的车体广告、招贴广告、路牌广告等。广告调查的目的是以最少的媒体费用、最适当的媒体组合来传播广告信息，从而满足消费者的需求，取得最大的经济效益。

六、广告市场调查的方法

（一）查阅资料法

查阅资料法指的是收集已经公布了的广告信息，包括网上查询、查阅有关的出版刊物、统计数据，收集行业情报等。鉴于网络的发展，现在用得最多的是网上查找和收集信息。

（二）小组讨论法

也称焦点小组访谈法，是近年来广泛运用于定性研究的调查方法。焦点小组访谈法源于精神病医生所用的群体疗法。焦点小组一般由8～12人组成，在一名主持人的引导下对产品、服务或观念等进行深入讨论，目的在于了解人们心中的想法及其原因，了解所调研的事物与他们生活的契合程度，以及在感情上的融合程度。

（三）德尔菲法

德尔菲法也称专家意见法，是依据系统程序，采用匿名发表意见的方式，即专家之间不得互相讨论，不发生横向联系，只能与调查人员接触，通过反复征询、归纳、修改专家的看法和建议，逐渐让这些不同的意见趋于一致，作为预测的结果。这种方法具有广泛的代表性，较为可靠。

（四）现场观察法

现场观察法是在特定条件和环境下，不直接提问和交流，对调查对象的情况进行观察记录，取得第一手资料的调查方法。这种方法可以提高信息的可靠性。

当然，还有一些其他的方法，如入户访问法、街头拦截法等。

第二节　广告设计市场分析

一、广告战略与广告策略

"战略"一词常作为军事术语，有"计划谋略"之意。而策略则是一个具体的概念。广告战略是从广告运作的全局出发，为实现广告目标而制定的对广告活动有长远指导意义的行动纲领，是在较长时间内稳定不变的基本方针。广告策略是指广告运作过程中的各个具体环节，它是为实现广告目标采取的局部性方式和手段，具有很强的灵活性。广告策略是广告战略的一个组成部分，必须服从于广告战略。同时广告战略目标的实现又依靠广告策略的具体实施。因此，它们是整体与局部、互相依存的关系。

（一）广告战略的制定

广告战略制定的前提是分析企业营销活动的宏观和微观环境，其核心是广告目标的确立。广告目标是指企业进行广告活动所要达到的目的，确定广告目标是广告计划中至关重要的起步性环节，是为整个广告活动定性的阶段。由于企业的任务不同，其具体的目标也不同。

从广告战略目标的角度来分，广告目标可分为产品推广目标、市场扩展目标、销售增长目标、企业形象目标4个方面。

产品推广目标是通过一个阶段的广告活动把企业的产品推广出去，它的目的就是扩大产品的知名度和美誉度，关注广告在市场的覆盖面。新产品导入期的广告多采用这种方式。

市场扩展目标是通过一个阶段的广告活动吸引新的消费者进入此类产品的消费行列。例如移动公司针对年轻人推出的"动感地带"，是专为崇尚个性、追求时尚、紧贴潮流的消费者设计的，其中包括超值优惠的"学生套餐""娱乐套餐""时尚套餐"，适应了"短信文化"的发展，得到众多年轻人的喜爱，获得了巨大成功。

销售增长目标是通过一个阶段的广告活动使产品的销量达到一定程度，一般是通过对消费者的购买欲望进行刺激来达到目的。这种战略一般适用于比较成熟、在市场上有一定影响力的产品。

企业形象目标是通过一个阶段的广告活动提高企业的知名度和信誉度，与消费者建立良好的公共关系，从而达到营销的目的。

从广告战略阶段的角度，广告目标可分为创牌广告目标、保牌广告目标、竞牌广告目标3个方面。

创牌广告目标的目的在于开发新产品和开拓新市场。它通过对产品的宣传介绍来提高消费者对产品的认知度、理解度和对厂牌、商标的记忆度。

保牌广告目标的目的在于巩固市场占有率，并在此基础上进一步开发潜在市场，促使既有消费者养成对某品牌商品的偏爱和消费习惯，强化潜在消费者对此商品的兴趣和购买欲望。

竞牌广告目标的目的在于加强产品的竞争力。它通过宣传商品的独特优势让消费者认识到该商品不同于其他商品的利益点，从而刺激其消费需求。

（二）广告战略选择

广告战略选择是指在众多的战略方案中选择符合企业营销思想、符合产品及企业的实际情况的广告战略方案。广告战略选择可以从以下几方面来考虑：

从内容的角度划分，广告战略可分为企业广告战略、产品广告战略、品牌战略、差别战略、无差别战略和系列战略 6 个方面。

企业广告战略是以提高企业的知名度、美誉度为前提的，通过在消费者心中树立美好的形象来增加消费者对企业的亲切感和信任感。例如，食品、药品类的广告一般通过宣传企业的高新设备、经营管理水平、产品的安全等来显示企业的实力，以赢得消费者的青睐。

产品广告战略侧重于宣传产品的特点、功能以及给消费者带来的好处，其目的是推销产品，刺激消费者购买。

品牌战略是市场经济竞争的产物。品牌是目标消费者及公众对于某一特定事物产生的心理、生理及综合性的肯定性感受和评价。所谓品牌战略就是公司将品牌作为核心竞争力，以获取差别利润与价值的企业经营战略。企业可以通过扩大产品品牌的知名度来提升企业的知名度。

差别战略通过强调产品的特点来满足不同消费者的需要。例如市场上的乳制品，一般是根据人们成长的不同阶段的营养需要来细分市场，如幼儿阶段、成长阶段以及中老年阶段等，其中幼儿阶段又可以细分为 0 ～ 1 岁、1 ～ 3 岁等。

无差别战略主要是采取统一的广告策略和相同的广告形式，如可口可乐一直以来采用统一的配方、统一的色彩、统一的广告主题进行广告宣传。

系列战略是从整体出发，将产品组成系列进行广告宣传，使各种产品之间的广告相互配合。化妆品通常采用此种广告战略。

产品的生命周期可分为导入期、成长期、成熟期（饱和期）、衰退期 4 个阶段，针对不同的生命周期，广告战略的选择也应各有侧重。

导入期是指产品刚进入市场的阶段。企业会投入大量广告费为产品鸣锣开道。在内容方面，注重品牌形象、商品形象、商品知识方面的宣传；在活动方面，注重促销方案设计，引起公众的好奇心。

成长期是指产品已经逐渐被消费者认知、接受，在市场上建立了初步的影响力的阶段。企业开始大批量生产，成本大幅度下降，销售额迅速上升，同时大量潜在竞争者出现。这一阶段的广告战略应突出产品的独特卖点，进一步加深消费者对产品的印象，提高产品的知名度。

成熟期（饱和期）是指市场进入相对饱和的状态，产品也进入相对促销阶段。市场竞争进一步加剧，促销费用增加，新产品或新的代用品出现。消费者的消费习惯可能有所转移或改变。此阶段应以劝说性广告为主，突出本产品同其他品牌同类产品之间的差异性和优越性，尽量挖掘更多的潜在消费者，继续占有一定的市场份额，巩固企业和产品的声誉，加深消费者对企业和商品的印象。

衰退期是指产品销售额继续下降，利润额逐渐趋向于零，从而退出市场，或转向另一轮循环的阶段。这一时期，企业通过发展新产品、开发新用途、寻找新市场等多种方式使产品的生命周期不断延长。其主要做法是运用广告提醒消费者，以长期、间隔、定时发布广告的方法，及时唤起注意，巩固习惯性购买。诉求重点应该突出产品的售前和售后服务，保持企业信誉。

从时间的角度划分，广告战略可分为长期广告战略、中期广告战略、短期广告战略。

长期广告战略指的是为期两年以上的广告战略。长期广告战略着眼于开拓市场，打开销路，从长远的角度提高产品的知名度，树立企业的良好形象。长期广告战略注重全局性、系统性和深远性。

中期广告战略指的是为期一年的广告战略，也称年度广告。中期广告战略是在计划时间内对目标市场反复传递商品信息，持续加深企业及产品在消费者心中的印象。采用此种广告战略时应该兼顾产品的实际市场情况，以达到实际销售目的。中期广告战略一般适用于时间性和季节性不强的产品。

短期广告战略是指在一年内按季度、月份实施的广告计划，适合新产品或季度性产品的推出。如饮料就存在销售旺季和淡季的区别，在制定广告战略时就应该选择恰当的时机推广产品，过早会浪费广告投入，过晚又不能最大限度地促销产品。

（三）广告预算

广告预算规定了广告计划期内所需的费用总额、使用范围和使用方法，包括广告媒介租用费（占 80% ~ 85%）、广告设计制作费（占 5% ~ 15%）、广告调查费（约占 5%）、广告部门的行政管理费（占 2% ~ 7%）。

对不同情况的考虑构成了广告主对广告的不同选择。迄今为止，没有一种广告预算方法被认为是最科学的，因此需要结合两种以上的预算方法进行分析。预算方法如下。

1．销售百分比法

是指以一定期间内销售额或盈余额的一定比率计算出广告经费的方法。以销售额为标准时，可根据上年度或过去数年间的平均销售总额，再根据次年度的预测销售总额计算。以盈余额为标准时，可根据上年度或过去数年间的平均毛利额，再根据次年度一年间的预定毛利额计算。

2．销售单位法

是按一个销售基本单位投入的广告费用进行广告预算的方法，也称分摊率法。以商品的一件，或同类商品的一箱等某一数量为单位，以这一单位广告费乘以销售数量而算出。

3．目标达成法

是在市场调查的基础上确定广告预算总额的方法。这种方法合乎逻辑，比较科学，但也烦琐，要求每一步都要计算准确，特别适用于新产品上市需要启动强势推销时。

4．竞争对抗法

是企业参照竞争对手的广告支出情况来决定本企业广告预算的方法。其目的在于用足够的广告投入压倒对方，在市场上保持有利的竞争位置。这种方法对资金雄厚、条件优越的企业是有利的，反之则难以与竞争对手抗衡，而且这种预算方法容易引起广告战。

竞争对抗法在运作上有两种思路：一是市场占有率法，二是增减百分比法。

市场占有率法，是先计算竞争对手的市场占有率和广告费用，求得单位市场占有率的广告费，再乘以预计的本企业市场占有率，得到本企业广告预算。

增减百分比法，是将竞争企业本年广告费与上年广告费增减的百分比作为本企业广告费增减的百分比参考数。

运用竞争对抗法确定广告预算费用大、风险大，容易造成资源浪费，中小企业要慎用，如果企业资金雄厚也是行之有效的。

二、广告策划

策划是对某种活动拿主意、想办法。广告策划就是对广告的整体战略的运筹规划，是对提出广告决策、实施广告决策、检验广告决策的全过程做预先的考虑与设想。做广告策划不是具体的广告业务，而是广告决策的形成过程。做广告策划时应遵循系统性原则、动态性原则、效益性原则、真实性原则和可行性原则。广告策划可以分为目标主题策划、创意表现策划和媒介策划。

（一）目标主题策划

广告主题是广告所表现的中心思想。广告主题策略是企业在发布广告时依据每一时期的广告目标市场的特点和市场营销策略的需要，不断变换广告主题以适应不同的广告对象的心理欲求的策略。广告主题是广告为达到某种目的要传达的基本观念，这一观念是在广告商品中提炼出来的，对消费者有着实质的或心理上的影响。广告主题引领广告作品的创意、策划、文案等，在表现上要遵循一些基本原则，如能够为消费者提供利益承诺，要单纯集中、统一连贯、简洁易懂等。

广告主题的选择可从以下几个方面考虑：

快乐是每个人的愿望，同时也是追求的一种趋势。快乐是人类生活发展高层次的必然需求。食品、旅游等广告多采用这种主题。

经济实用、物美价廉是当代社会人类的购物标准。高消费只是一部分人的生活，而对于普通百姓、工薪阶层来说，购买商品的档次位于中、低档上。产品在价格上占据明显优势时，最能刺激消费者的购买欲望。家电、食品、经济型汽车等常以此作为广告题材，如福特汽车广告。

就商品质量、售后服务等方面向消费者作出承诺、保证，这是商家成功之处。运用这种主题的广告可增强消费者的信任感，树立品牌形象。家电、建材、服装等常以此作为广告主题。

爱情是人类永恒的主题，是人类精神的深层次的生命冲动。爱情创造了美，创造了人们对生活的敏感和热爱。它渗透了人们的情趣、理想和生命感受，给人一种亲切、动人心弦的力量。日用品、珠宝等常采用这种广告题材。

功能是运用最广泛的一种主题形式，主要通过突出产品的独特功能，向消费者传达其带来的某种好处和利益。此种主题一般运用的是产品的差别战略。例如随着手机的普及，一些企业开始不断地延伸手机的功能，以此来吸引和挖掘更多的潜在消费者。

时尚总是新潮的，总是引领着消费。在消费品市场中，购买潮流对人们的心理冲击力很大，人们或多或少地会表现出一种追求新颖的趋向。时尚总是让人们欲罢不能，产生购买的冲动。

（二）创意表现策划

广告创意不是天马行空的想象，而是为达到某种目的的创造性的想法和意念，是介于广告策划与广告表现制作之间的艺术构思活动。它是根据广告主题，经过精心思考和策划，运用艺术手段，把所掌握的材料进行创造性的组合，以塑造一个意象的过程。简而言之，广告创意即广告主题意念的意象化。

（三）媒介策划

广告媒介是广告者向广告对象传递信息的载体，是实现广告宣传的物质手段。在如今信息爆炸的时代，制订合理、可行的媒介计划是广告发布成功的重要保证。

制定媒介目标。媒介计划是在媒体上刊播广告作品的工作指导总纲。媒介的选择可以从两方面考虑：一是媒介门类的选择，如报纸、电视、广播、网络等。二是媒介具体形式的选择，就是在媒介门类确定后，进一步选择媒介的具体形式。例如，如果选择杂志，就要考虑哪家杂志最适合。

三、企业定位

企业定位是指企业通过其产品及品牌，基于顾客需求，将企业独特的个性、文化和良好形象塑造于消费者心目中，并占据一定位置。企业定位是市场定位台阶的最高层。同时，企业定位的成功对产品和品牌的定位也起到促进与强化作用。企业定位又包括以下几方面内容。

（一）企业文化定位

企业文化是经济意义和文化意义的混合，包括一家企业的某种文化观念和历史传统，共同的价值观念、道德规范和行为准则等。企业文化将各种内部力量统一于共同的指导思想和经营哲学之下，汇聚到一个共同的方向，其中价值观是企业文化的核心。优秀的企业文化是民族文化精神的高度凝练和人类美好价值观念的共同升华，凝结着时代文明发展的精髓。

（二）企业形象定位

企业形象定位是企业进行广告宣传时，在广告的创意与信息表达上保持企业的表征识别、理念识别、行为识别信息的一致性，从而促使社会公众形成对企业固有的认知。

（三）企业服务定位

企业服务定位是为了强调产品售后服务的完善，以消除消费者的顾虑。企业的产品结构、渠道状况、市场布局、管理水平等都影响着服务定位。如海尔采取的"服务"领先策略被市场证明是正确的，春秋航空的服务定位也是与成本战略密切配合的。服务已经成为营销战略的一部分。

第三节　广告设计市场定位

广告的市场定位是确立某一产品广告在市场中的位置，确定其针对的对象，是企业为自己的产品设定的范围以及目标，从而能满足一部分消费者的需求。这样才能准确地把握产品的目标市场，创造出产品或品牌的与众不同之处。

广告的目标是让某一品牌或产品在公众的心中留下深刻印象，从而引导消费者的购买行为。广告的市场定位应该是依据企业目标市场的特点来对广告对象、广告目标以及主要诉求点进行限定。

一、品牌的定位

美国市场营销协会为"品牌"作出的定义是一个专有的名称、名词、标志或符号等，品牌是消费者选择产品的依据。如今，品牌不只是文字或符号，它还具有象征意义，象征着企业的文化以及做事态度。经营企业，换言之，其实就是经营品牌，提高品牌知名度的同时也提高了企业的知名度与影响力，从而给企业带来效益。

（一）品牌形象色的确定

品牌的形象色是给消费者的初步视觉印象，在给品牌定位前应该先根据该产品的特性对其形象色进行设计，给消费者留下强烈的第一视觉印象。如矿泉水宣传广告，为表现出矿泉水的清澈纯净，将该品牌的形象色确定为以浅蓝色为主，使该品牌产品的形象更为贴切。在对品牌定位前对品牌形象色进行确定，可以通过特有的色彩来吸引消费者的目光，给人留下深刻的视觉印象。

（二）品牌形象的确定

品牌形象的形成具有长期性与全面性，是广告、公共关系、促销、商品名称和定价等因素共同作用的结果。品牌的形象包括图形造型、辅助图形等。品牌的形象主要是以图形的表现力为主，利用图形与产品本身的对应关系给消费者留下更直观生动的产品宣传形象。

（三）品牌字体的确定

品牌字体具有可读性、标识性以及独特的代表性，是品牌形象表现突出的重要因素之一。品牌字体应该根据品牌的市场定位、产品的特征以及受众群体的划分等方面来对字体的风格、形态、色彩做决定，使其能与品牌形象融合为一个整体。

二、产品定位

产品定位是广告设计的基点，产品的定位决定了行销计划和广告的目的。产品定位可从实体和观念两方面去进行。"定位"从字面的意义看是确定位置坐标的意思。作为广告设计的"定位"，则是"产品位置""消费者位置"的明晰和确定。广告的目的是宣传产品，并使被宣传的产品在消费者心中得到认可，且占有一席之地。

定位的基点是顺应和引导消费者的消费观念，并把他们原有的观念和意识通过诉求点的定位重新联系起来。"唯有正确的位置，才是有效销售最重要的步骤"，这是由美国广告大师大卫·奥格威首先倡导的。20 世纪 70 年代，西方相当数量的国家都受其定位理论的影响，从市场营销到产品计划以及广告创意，都以定位的方式来界定消费者。

（一）实体定位

产品的实体定位是为了强化和突出产品的新价值，这种价值的体现是通过对产品的功能、产品的品质、产品的价格以及服务等方面的特殊性，在广告策略中与同类产品的类比和个性化的渲染来达到的。

1. 广告设计市场的定位

广告设计市场的定位是一个专业化、创意性强、服务全面的行业。在广告设计市场中，广告设计公司或个人设计师通过提供创意、设计和营销策略等服务，帮助客户实现品牌推广、产品宣传和市场营销的目标。

首先，广告设计市场定位为专业化行业。广告设计需要具备专业的设计技能和知识，包括平面设计、插画、摄影、排版等方面的专业能力。广告设计师需要了解市场趋势、消费者心理和品牌定位等，以便为客户提供专业的设计方案。

其次，广告设计市场定位为创意性强的行业。创意是广告设计的核心，通过独特的创意和视觉效果，吸引消费者的注意力，传达品牌的价值和信息。广告设计师需要具备创新思维和艺术感觉，不断探索新的设计元素和表现形式，以满足客户的需求。

最后，广告设计市场定位为服务全面的行业。广告设计不仅仅是提供设计作品，还需要与客户进行沟通和合作，了解客户的需求和目标，为其量身定制设计方案。广告设计师还需要与其他专业人士合作，如市场营销人员、摄影师、文案策划师等，共同完成整个广告项目。

总之，广告设计师通过专业的设计技能和创意思维，为客户提供符合市场需求的设计方案，帮助客户实现品牌推广和市场营销的目标。

2. 广告设计品质的定位

广告设计品质的定位是指将广告设计的品质定位在市场中的位置，以满足目标受众的需求和期望。广告设计品质的定位可以通过以下几个方面来实现：

（1）创意性：广告设计需要具备创意性，能够吸引目标受众的注意力并引起他们的兴趣。创意型的广告设计可以通过独特的视觉效果、有趣的概念和引人入胜的故事来实现。

（2）专业性：广告设计需要具备专业性，能够展现出设计师的专业和水平。专业性的广告设计可以通过精准的排版、合理的配色和高质量的图像处理来实现。

（3）可信度：广告设计需要具备可信度，能够让目标受众相信广告传达的信息。可信度的广告设计可以通过真实的案例、权威的证明和客户的推荐来实现。

（4）与品牌一致性：广告设计需要与品牌形象保持一致，能够传达品牌的核心价值和个性。与品牌一致性的广告设计可以通过使用品牌的标志性元素、色彩和字体来实现。

（5）用户体验：广告设计需要关注用户体验，能够提供简洁、清晰和易于理解的信息。用户体验友好的广告设计可以通过简洁的布局、明确的信息层次和易于操作的互动元素来实现。

通过以上几个方面的定位，广告设计可以在市场中树立高品质形象，吸引目标受众的关注并达到预期的宣传效果。

3．广告设计功效的定位

广告设计的功效定位是指通过设计元素和创意手法，将产品或服务的品质特点和优势凸显出来，以吸引目标受众的注意力并激发购买欲望。功效定位的目的是让消费者对产品或服务的品质有直观的认知，并相信它能够满足自己的需求和期望。

在广告设计中，功效定位可以通过以下几个方面来实现：

（1）强调产品的特点和优势：广告设计可以通过文字、图像和色彩等元素，突出产品的特点和优势，如高品质的材料、先进的技术、独特的设计等。这样可以让消费者对产品的品质有直观的认知。

（2）体现产品的功能和效果：广告设计可以通过生动的图像和文字描述，展示产品的功能和效果。例如，如果是一款护肤品广告，可以通过展示肌肤的改善效果，让消费者相信产品的品质和功效。

（3）引用用户的评价和推荐：通过文字、图片和视频等形式来呈现，让消费者相信产品的品质是经过验证的。

（4）与品牌形象相一致：广告设计应与品牌形象相一致，以增强品牌的品质形象。品牌的形象包括品牌的声誉、历史、价值观等方面，广告设计应通过色彩、字体、排版等元素来体现品牌的品质形象。

总之，广告设计的功效定位是通过设计元素和创意手法，将产品或服务的品质特点和优势凸显出来，以吸引目标受众的注意力并激发购买欲望。通过强调产品的特点和优势，体现产品的功能和效果，引用用户的评价和推荐，以及与品牌形象相一致，可以有效地实现品质功效定位的目标。

4. 广告设计价格的定位

广告设计价格的定位是一个复杂而又关键的问题，它涉及多个因素，包括设计师的经验和技能水平、项目的复杂程度、市场需求和竞争情况等。在定价时，设计师和设计公司需要综合考虑这些因素，以确保价格既能够吸引客户，又能够覆盖成本和获得合理的利润。

首先，设计师的经验和技能水平是决定定价的重要因素之一。经验丰富、技术娴熟的设计师通常能够提供更高质量的设计作品，因此他们的定价相对较高。而新手设计师或者技术水平较低的设计师则可能会以较低的价格来吸引客户。

其次，项目的复杂程度也会对定价产生影响。如果项目需要设计师投入大量的时间和精力，或者需要特殊的技术和工具，那么价格往往会相应提高。相反，如果项目相对简单，设计师可以更快地完成，那么价格可能会相对较低。

此外，市场需求和竞争情况也会对定价产生影响。如果市场需求旺盛，客户对高质量设计的需求较大，那么设计师可以相应地提高价格。而如果市场竞争激烈，设计师可能需要降低价格以吸引更多客户。

最后，设计师还需要考虑自身的成本和利润。设计师需要计算自己的工作时间、材料费用、设备成本等，以确保定价能够覆盖这些成本，并获得合理的利润。

（二）广告的观念定位

观念定位是用产品的创新理念来改变消费群的习惯性心理，树立新的产品使用价值和生活方式的一种定位策略，它包括正向定位和逆向定位等。

1. 正向定位

广告的观念定位是指广告在传达信息时采用的策略和方式。正向定位是一种积极向上的定位策略，旨在通过传递积极、乐观、鼓舞人心的信息，激发消费者的兴趣和购买欲望。

在正向定位的广告中，广告主通常会强调产品或服务的优点和特点，以及它们对消费者生活的积极影响。广告语言通常会使用积极的词语和表达方式，如"创新""高品质""健康""快乐"等，以营造积极向上的氛围。

正向定位的广告还会通过情感化的手法来吸引消费者的注意力。广告中常常出现快乐、幸福、成功等正面情绪的表达，以及与消费者共鸣的情感故事。这些情感化的元素可以帮助消费者建立情感连接，增强品牌的认知度和好感度。

此外，正向定位的广告还会注重传递产品或服务的实际效果和用户体验。通过展示产品的功能、性能和实际应用场景，广告可以让消费者更加直观地感受到产品的价值和优势，从而激发购买欲望。

总之，正向定位的广告通过积极、乐观、情感化的方式，传递产品或服务的优点和积极影响，以吸引消费者的注意力并激发购买欲望。这种定位策略可以帮助品牌树立积极向上的形象，提升品牌认知度和好感度，从而促进销售和市场份额的增长。

2. 逆向定位

逆向定位是一种广告观念定位的策略，它与传统的定位方法相反。传统的定位方法是根据产品或服务的特点和目标受众的需求来确定广告的定位，而逆向定位则是从消费者的角度出发，以消费者的行为和态度为基础，来确定广告的定位。逆向定位的核心思想反其道而行之，以引起消费者的注意和兴趣。这种逆向的定位方式可以帮助广告在竞争激烈的市场中脱颖而出，吸引消费者的注意力，从而提高广告效果和销售业绩。

逆向定位的一个常见的应用是通过幽默和讽刺的方式来吸引消费者的注意。通过使用与产品或服务相悖的形象和情节，广告可以在消费者中引起共鸣和记忆，从而增加品牌的知名度和认可度。

逆向定位还可以通过挑战传统观念和突破常规的方式来吸引消费者的注意。通过打破常规的思维模式和行为习惯，广告可以创造出与众不同的形象，从而引起消费者的兴趣。

（三）广告受众的定位

引导消费者对产品进行购买是广告的最终目的。在广告设计中，对消费群体进行定位是很关键的环节，对产品销售的目标群体进行定位，并且充分了解目标消费群群体的喜好与消费特点，广告才能更有效地完成其目的。

1．按照性别定位

随着市场经济的发展，形色各异的商品争先恐后涌现，产品的分类越来越细，广告设计根据受众群体的性别进行定位，这样更具方向性与针对性，才有利于消费者更便捷地购买。

男女性别的不同导致对产品的需求也有所不同，在广告中依据消费者性别的划分来表现产品的特点，能够更有效地吸引消费者。

2．按照年龄定位

细分后的商品市场对于部分商品的受众年龄层次也做出了设定，这样既增加了商品的种类，也使得消费者在购买商品时更便利。如市场中的奶粉划分了初生儿、13岁、青少年、中老年等几个年龄层次的产品，使得消费者在选择时更有针对性。在广告设计制作过程中根据产品特性对消费者的年龄定位，使得广告在宣传时信息更全面、更准确。

3．按照生活环境定位

不同地区人们的消费习惯、爱好有所区分，因为生活环境的不同，人们的生活需求、购买习惯等会有许多差异。比如北方人喜爱面食，南方人喜爱米饭，这就是生活环境不同造成的生活习惯上的差异。在进行广告设计时，应根据产品将销往的地区，分析该地区人们的消费习惯，按照生活环境的不同对受众群体进行定位，使广告能准确地进行宣传。按照生活环境的差异，结合消费者的风俗习惯、民族特点等方面对广告进行有针对性的设计，使得广告能更广泛地被接受。

第四节　广告设计策划标准

广告策划是根据广告主的营销计划和广告目标，在市场调查的基础上，借助相符的设计理念与方法，制订出一个与市场情况、产品状态、消费群体相适应的经济有效的广告计划方案，并加以评估、实施和检验，从而为广告主的整体经营提供良好服务的活动。

广告策划是经过对市场的分析而制定出具有创新性、灵活性与科学性的方案。广告策划是广告市场走向规范化的重要内容，是对广告未来的宣传目标进行科学的预测，且对广告计划与执行起到统领指导的作用。

一、广告策划的作用

广告策划是广告取得成功的关键，它可以使产品具有强有力的销售重点。广告策划在制作广告之前经过评估与预测，拟定周密的策略，在思维逻辑上为广告的制作打下了坚实的基础，使广告在制作的过程中具有准确性与连贯性。广告策划在整个广告制作的过程中起着指导作用，它通过对市场的分析来完成广告策略的制定，使广告制作有目的、有计划地进行。广告的精心策划可以帮助广告更准确有效地传播主题，树立形象与观念，令广告在实际制作过程中保持顺畅，在主题表达上呈现出最佳的效果。

二、广告策划的具体流程

广告策划的流程就是在广告策划的具体操作中，运用专业模式，有效地明确和完善广告策划的对象、依据以及拟定可实施的策划方案，根据策划的蓝图施以行动，并且对策划进行评估、归纳、总结，使广告策划顺利完成的过程。

（一）市场分析

市场分析在广告策划的流程中占有重要地位，是对广告进行战略策划的首要步骤，其中包括市场环境分析、目标消费群的分析、企业与产品的分析、竞争者的分析、SWOT分析等。

通过对经济环境的调查可以知悉消费者的消费水平与层次结构，可以对产品销量进行预估。经济环境包含该地区的经济制度、经济发展趋势、人们的消费能力等。对经济环境进行分析有助于在广告策划时预估产品的销售情况、产品广告的发展情况，也可以基本确定广告的发力方向。

目标消费群分析主要是对消费者的基本情况进行调查与分析，以便广告能够投其所好，达到最佳的宣传目的。对目标消费群的分析包括年龄层次、性别、职业、收入情况等基本情况。掌握消费群体的信息有助于确立广告目标，有助于为广告找到诉求点与诉求方式。

企业与产品分析是指对产品生产企业的发展历史、经营理念、实力与业绩、在市场中的地位，以及产品的优劣势、特色、价位等进行分析，这样才能对产品进行有效的推广宣传。对具体的产品进行分析了解，更有助于产品的定位，从而使得企业与产品在竞争激烈的市场中以与众不同的特点占据有利地位。对竞争者分析不仅要对竞争对手的实力、产品情况进行分析，还要分析竞争者的广告活动，做到知己知彼、扬长避短。

（二）分析消费心理

不同阶层的人们消费心理也会不同，收入的高低、对生活的考虑、产品的使用价值等都是人们进行消费购买时要考虑的因素。对消费者的购买习惯、兴趣需求、购买动机进行调查分析可以更好地掌握消费者的喜好习惯、吸引消费者的目光，如现代产品工业化后，纯手工制作的产品反而受到重视，价值得到认可。

（三）制定市场定位策略

广告策划是实现广告目的的重要谋略思想，是广告战略的一部分，也是实现广告战略目标的重要方法与对策。市场定位策略的制定是广告策划的重要组成部分。制定市场定位策略需要三个步骤。首先是识别可能的竞争优势，企业可以从产品、与产品相关的服务或者企业所拥有的员工技能以及企业品牌形象中赢得竞争优势。其次是选择合适的竞争优势，这是制定市场定位策略的前提条件，企业的市场定位应该避免定位过低或定位过高造成公司的形象定位过窄；还有就是避免定位混乱，否则容易造成企业形象的模糊混乱。最后是传播和送达选定的市场定位，通过第二个步骤选定市场定位后就要采取实际行动将市场定位传递给目标消费者，最后呈现的宣传广告也必须符合这一市场定位。

（四）广告效果的制定

不同的广告目标其广告效果的制定也会有所不同，其区别在于广告的着重点。制定广告效果可以从三个方面入手，分别为广告传播效果的制定、广告销售效果的制定、广告社会效果的制定。

1. 广告传播效果的制定

广告传播效果包括广告作品效果、广告的媒体效果、广告的心理效果三方面的内容。广告作品效果的制定包含广告作品本身要符合创作主题思想，并且具有艺术性，可以带来视觉上的美感。

广告的媒体效果的制定是通过调查消费者对于各种媒体的接触情形，如报纸、杂志、户外广告、电视、网络等，根据不同媒体的到达范围以及影响力来制订广告计划，利用媒体的影响力使广告能达到广而告之的根本目的，将广告主题或产品有效地推广出去。

广告的心理效果是指广告经过媒介传播后给消费者带来的心理活动的影响。简单来说，就是指消费者在观看一则广告后留下的心理印象，这些心理包括喜爱、惊喜、刺激，甚至是厌恶。其中，产品的知名度、特性会间接影响到消费者的心理。

广告对消费者的心理影响通常要经历认知、理解、确信、行动这4个阶段。媒体的传播可以建立消费者的认知度，清晰的广告内容与新颖的广告创意可以提升消费者的理解度，并且给其留下较好的印象。

2. 广告销售效果的制定

广告的销售效果是企业广告活动最基本、最重要的效果，是指广告活动促进产品的销售、增加企业利润的程度。广告销售效果的影响因素是多方面的，我们可以通过持续的广告传播达到累积效应，或是通过一些营销策略，如价格的比较、限时促销等手段来促进广告的销售效果。

3. 广告社会效果的制定

广告的社会效果是指广告在社会道德、文化教育等方面的影响和作用。广告能够对企业品牌、产品进行推广，也可以影响人们的消费观念，甚至作为一种文化而流行等。由于广告所具有的特性，广告对社会所产生的效果是深远的。广告社会效果的制定首先应该考虑创作该广告作品可以带来的社会价值，我们可以通过主题设计出有创意、有艺术价值的广告作品，能给人们带来思想和行为上的影响，使之不仅是一件广告作品，而且是一种文化态度。[①]

---

① 吴婷婷. 视觉传达设计［M］. 北京：科学技术文献出版社，2016.

第五章 广告视觉插图设计

第一节 插图类别设计

一、文学作品类插图

（一）小说类插图

小说插图一般都是围绕书中特定的故事情节、人物和其他不同的角色、场景气氛、年月、地区、季节、气候来进行创作的，小说插图必须严格按照原书中的内容来描绘，这也是插图的准则。根据小说内容所描写的年代不同，在插图创作上必须对相关年代的社会环境、人物装束、民俗风情等进行考证，以创作出符合时代特征的插图。小说插图注重情节的描绘，通过人物与人物之间的表情、动态变化及场景、道具的组织来处理情节的生动性。另外，情节的展开有一个变化过程，从起因到变化再到结果，插图只能摄取其中一个瞬间，这个瞬间的描绘要与小说中的情节内容一致。

（二）散文、诗歌类插图

散文是与诗歌、小说、戏剧并称的一种文学体裁，指不讲究韵律的散体文章，包括杂文、随笔、游记等。散文是最自由的文体，不讲究音韵，不讲究排比，没有任何的束缚及限制，也是中国最早出现的行文体裁，通常一篇散文具有一个或多个中心思想，以抒情、记叙、论理等方式表达。诗歌是世界上最古老、最基本的文学形式，是一种阐述心灵的文学体裁。

创作散文、诗歌类插图要注意选择与两种体裁特点相匹配的表现手法和制作手段，如诗歌插图创作应该避免受情节和具体细节描述的束缚，运用线条、色彩、空间等语言材料组织出抒情的基调，营造出韵律美、意境美，那些具有浪漫主义色彩的诗歌需通过夸张、变形的手段来强调气势、气氛，在视觉上拉开与生活的距离。诗歌与小说相比，在描绘事物上是"以点带面"，给人的想象空间非常开阔，也为诗歌插图的创作留有更大的创作想象空间，但想象方向不能偏离诗的中心思想及意境，所以重点应该放在意境上做文章。

（三）民间文学插图

民间文学是指在人民中间广泛流传的文学，主要是口头文学，包括神话、传说、民间故事、民间戏曲、民间曲艺、歌谣等。它具有强烈的地域性，民间文学有着质朴、平实、活泼、幽默的语言特征。对于插图创作可以相应地吸收民间艺术中各种艺术形式来丰富创作手法，使插图的形式、风格符合这种特定的文学体裁的艺术特征。如果将民间剪纸、年画、泥塑等造型特点和色彩元素运用于插图中，会使插图的艺术形式和风格呈现多样化。

（四）少儿读物插图

少儿读物是专门为少年儿童创作的文学作品，少儿读物特别要求通俗易懂、生动活泼。体裁有儿歌、童话、寓言、儿童故事、儿童小说、儿童散文、儿童曲艺、儿童戏剧、儿童影视和儿童科学文艺等。少儿读物与成人文学有很大不同，即它对教育性特别强调，少儿的可塑性很大，抽象的说教是少儿不容易也不乐意接受的，优秀的少儿文学作品，是在有趣的故事情节中，潜移默化地给孩子们讲述一个深刻的道理或做一些有益的启示。插图的样式上有写实的、变形的、涂鸦式的，但总的倾向还是造型简洁、色彩明快，画面追求生动有趣，富有幽默感和想象力。

二、科技书与教科书插图

科学技术类图书和教科书的插图往往比较严谨且具有科学性，不能任意发挥，但也需要有一定的美感，让读者容易接受。它减少了文字叙述，并能合理地表述复杂的科技问题。科学技术类图书可分为自然科学和社会科学，而教科书所涉及的范围非常广，有文科、理科、工科、艺术等学科。这两大类图书中的插图除了在艺术类图书中做充分发挥外，其余的只是图解式的说明，由于这两大类图书需要严谨性和科学性，所以插图画家开始创作之前需要搜集大量的资料，为下一步的创作做准备。

这两大类的图书插图绘制起来也有难易之分，如产品结构示意图就只是介绍产品的一些使用方法，起到解释说明的作用即可，而人体解剖图、建筑设计图、动植物标本图则需要较强的专业知识并明确、规范地表达出来。

三、商业类插图

商业类插图是平面设计中一种重要的表现手段，由于其自身的形象性、生动性和真实性，被广泛地用于现代设计的各个领域。商业插图是指为特定企业和产品绘制的图画，它以传达商业信息为目的，通过诸如广告、报纸、杂志和网络等媒介传递信息。随着人们消费观念的改变以及文化意识思维方式的转变，商业插图的含义也更加丰富，它的内容、形式和表现风格也更加多样性。

（一）报纸插图

报纸是信息传达的主要媒介之一，它以发行稳定、传播速度快、覆盖面广、时效性强等特点被广泛地应用于商业领域。报纸虽以文字为主，但插图经常活跃在报纸广告中，使得报纸图文并茂，增加读者的阅读兴趣，同时根据版面大小和客户需求，插图的大小和表现形式也不尽相同。

（二）杂志插图

它包括封面插图、封底插图、文中插图、单页插图、题图及尾花等。与报纸相比，杂志的特点是持续性强、精度高且印刷精美。

（三）招贴广告

"招贴"又称海报，它是平面设计中比较有代表性的形式之一。招贴广告可以分为社会公共招贴、商业招贴、文化招贴等，招贴广告由文字和插图共同组成，插图可以是绘画，也可以是图形和摄影等形式。插图在促销商品上与文字有着同等重要的作用，在大多数招贴广告中，插图比文案占据更多的位置，有些插图甚至比文案更重要。

（四）产品包装

产品包装设计是指选用合适的包装材料，针对产品本身的特性以及受众的喜好等相关因素，运用巧妙的工艺制作手段，为产品进行的容器结构造型和包装的美化装饰设计。产品包装一般由标志、图形、文字三要素构成。产品包装上的插图按功能可以分为指示性插图和说明性插图，指示性插图用形象的语言表达特定的商品内容，建立品牌形象，通过直接或间接的形象传达信息；说明性插图则是为消费者提供详细的产品信息的介绍，如使用方法图和安装步骤图等，此类插图通常多采用连环画或者组画的形式来阐明问题。

（五）卡通吉祥物设计

卡通原意特指时事、政治类的单幅或短篇讽刺漫画。广义上则泛指对所表现的对象不使用写实与传统手法，而运用归纳、夸张、变形等处理的一切实用类的视觉作品。吉祥物是原始人类在同大自然的斗争中形成的人类原始的文化。我们的祖先创造了许多用以祈求万事顺利的象征物，称为吉祥物。如今吉祥物的运用范围极其广泛，因此，吉祥物不但要做到新颖、独特、活泼和简洁，而且要体现品牌的定位和个性，有创新并易于和品牌的其他元素如名称、标志、包装、标志物、周围环境等搭配。

（六）网页设计

网页设计作为一种视觉语言，它的内容可以用三维动画、Flash 等来表现。它通过结合网络技术和卡通等形象宣传网站、企业和社会活动等，并将文字和图形做空间组合，最终使页面表达出和谐与美。网络作为新兴的传播媒介，它的优点是传播速度快、传播信息量大、无地域性和交互性强。网页设计插图可以建立起轻松愉快的阅读环境，传达出网站的文化内涵。网络设计包括视频、文字、图形和动画等在内的多种媒体的效果，增添了插图的时间性和交互性，使插图从二维、三维走向了四维空间。

四、游戏类插图

精彩的游戏互动和精美的游戏图像强烈地吸引着年轻人的视觉感官，成为他们生活中不可缺少的娱乐方式。游戏的虚拟特点也给游戏玩家带来了无限的想象空间和美好的视觉享受，这些都推动了游戏插图的发展。游戏类插图的主要任务是将人物、背景、场景、道具进行创造性的设计，但这些人物和场景大多需要采用电脑软件绘制，所以这就需要游戏插图画家不但要掌握平面软件和三维软件技术，而且要具备深厚的美术功底和丰富的想象力，对主体的商业性有较深的认识，能结合艺术性提升作品的商业价值。现今游戏类插图风格各异，流派纷呈，呈现出繁荣景象。

第二节　插图风格设计

插图是视觉传达的一种形式，也是信息传播的一个载体。文学作品类插图的风格主要根据故事情节、意境来把握，而科技书籍的插图则多用摄影作品作为插图。如果给少儿读物配插图就需要插图画家掌握一些基本的儿童心理学知识，使插图的造型和色彩符合儿童的心理需要，因此创作之前插图画家需根据对文字内容的理解、书籍整体设计来对插图的风格进行定位。

一、写实表现风格

写实表现风格指用比较写实的手法进行插图创作，插图表现的内容都比较真实并贴近自然，也很容易被大家接受。这种表现风格是插图画家经常采用的手段之一。

二、抽象表现风格

抽象风格插图经常采用点、线、面组合的抽象形式，对色彩和形态并不做具象的表达，它往往是插图画家情感的直接表达和对作品的表述，也是现代插图中惯用的手法之一。

三、漫画表现风格

漫画插图可分为夸张性插图、讽刺性插图、幽默性插图及诙谐性插图四种。夸张性插图抓住描述对象的某些特点加以夸大和强调，突出事物的本质特征，从而加强表现效果；讽刺性插图一般用以贬斥敌对的或落后的事物，它以含蓄的语气讥讽，以达到否定的宣传效果；幽默性插图则是通过影射、讽喻、双关等修辞手法揭露生活不通情理之处，从而引人发笑，从笑中领悟到一些事理；诙谐性插图则使广告画面富有情趣，使人在轻松情境之中接受广告信息，在愉悦环境之中感受新概念。

四、装饰表现风格

装饰性的插图不受透视、比例等客观条件的限制，更多地根据立意组织画面，没有立体感，常常用对称、重复等手法展示画面的甜美和温馨，给人们一种唯美感。

五、故事性与情节性

故事性是指文学作品中完整和生动的故事情节所形成的叙事特质。故事与人们的精神生活有着密切的联系，因此表现故事性与情节性的插图往往是对人的精神生活的描绘。文学作品的情节性与插图中展现的情节性有所不同，插图中的情节性是通过画面形象展示的。画面中的形象组织因素是情节展开后产生不同变化的关键。

六、超现实主义风格

超现实主义风格是 1920 年兴起于法国的一个艺术流派。支持者认为，在现实世界之外，还有一个所谓的彼岸世界，即无意识或潜意识的世界。他们一方面致力于探索人类经验的先验层面，另一方面致力于突破合乎逻辑与实际的现实，尝试将现实观念与本能、潜意识与梦的经验糅合，从而达到一种绝对的、超越的真实。同时超现实主义者认为弗洛伊德的精神分析学说可以作为探索人的内心现实世界的"解剖刀"。因此，超现实主义风格的插图表现的基本上都是处于梦境、幻觉、错觉中人的非理性的下意识行为。

七、插图画家独特的表现风格

由于每个插图画家的才情秉性各不相同，所关注的领域也各不相同，他们通常会在插图创作中不断地寻找适合自己的表现风格，因此，各种画风独特、构思巧妙的插图表现风格就应运而生。

第三节　插图展示设计

技法是画家使用材料的方法，它是依据内容的需要产生的。任何表现技法都可以进行插图创作，但选用何种表现技法需要插图画家根据书籍的具体内容和商业宣传的总体设计综合决定。插图的表现技法多种多样，由于材料和工具的不同大致可以归为三大方法：黑白表现法、色彩表现法、综合表现法。以下将这些技法进行详细介绍。

一、黑白表现法

（一）铅笔、钢笔、炭铅笔

用铅笔、钢笔和炭铅笔绘制插图时先用这些工具勾勒出轮廓线，然后配上色彩。用铅笔绘制插图，虽然它没有缤纷的色彩，但铅笔画可以表现丰富、细腻的部位，它也可以画出粗犷、富有活力的画面。铅笔使用起来比较方便，它可以快速地记录插图画家的创作灵感，使得作品更加纯粹。

由于钢笔携带方便，画面清晰明确而备受许多插图画家的喜爱。

钢笔的笔尖有粗、细、扁、圆等形状，不同的笔尖可以表现出不同的插图效果。如果将钢笔画插图做印刷可以将原作的明快、活泼、流畅的感觉表达出来。钢笔插图线条刚劲流畅，黑白调子对比强烈，画面效果细密紧凑，对所画事物能做到精细入微地刻画，所以钢笔画用途广泛，可以作为收集创作素材的速写之用，也可以在美术创作中用于连环画、插图以及独立的钢笔画作品。欧洲古典文学作品中有许多著名的插图都是钢笔画。

炭铅笔的笔芯是由石墨和木炭混合而成。炭铅笔画的插图黑色浓重、线条粗放、不容易修改，它可以和其他工具配合使用，通过擦、揉、刮等技法表现特殊的插图效果。现在还有一些其他的书写工具，如针管笔、圆珠笔、专用插图笔被插图画家广泛使用，它们可以画出粗细、长短、直曲的线条，使插图作品逼真而富有感染力。

（二）黑白版画

版画是视觉艺术的一个重要门类。广义的版画可以包括在印刷工业化以前印制的图形，普遍具有版画性质。通过巧妙构图，以丰满密集和萧疏简淡等不同风格来衬托表现主题风格。版画按使用材料可分为木版画、石版画、铜版画、瓷版画、丝网版画、石膏版画等。按颜色可分为黑白版画、单色版画、套色版画等。按制作方法可分为凹版、凸版、平版、孔版、综合版和电脑版等。

（三）线描

线描是素描的一种，即用单色线对物体进行勾画，不用上明暗调子和设色，是中国传统画的主要造型手段。线条包括直线、弧线、曲线和折线，在插图创作中插图画家常用线条的疏密、虚实、粗细的韵律感来描写人物和场景。

二、色彩表现法

（一）蜡笔、彩色铅笔、彩色粉笔插图

用蜡笔绘制插图会显得粗犷而有层次美，蜡笔使用非常简便，可以随时有灵感就开始创作，它是儿童们喜欢的绘画材料。彩色铅笔和彩色粉笔可以结合起来绘制插图，彩色铅笔可以像铅笔一样进行细腻的描绘，可以表现出丰富的色彩层次、虚实变化，而彩色粉笔颜色柔

和，适合于绘制抒情画面的插图。蜡笔、彩色铅笔和彩色粉笔经常可以和其他材料混合运用，被用来描绘儿童读物的插图。

（二）炭精粉颜料插图

炭精粉是一种干粉状的颜料。它可以用狼毫笔和羊毛笔揉出细腻柔和的效果。20 世纪 30 年代，一种流行的商业插图——月份牌，在老上海风靡起来，有些画家用中国画的勾线加色彩来画月份牌，而有些用擦笔水彩画法，即用毛笔蘸上炭精粉擦出人物的立体感，然后再罩以水彩，着色淡雅宜人，画法柔和细腻，人物肤质光泽柔美。它不同于传统仕女的千人一面，也不同于文人画只追求意境高远，而是用焦点透视的方法真实描绘人物的神态气韵，给人以真实可触摸的感觉，是当时上海人心中理想的浮世绘。

（三）钢笔淡彩插图

钢笔淡彩插图是以画面的素描稿为基础敷以淡彩的方法，如广为流行的铅笔水彩、钢笔水彩、木炭水彩等，也是深受群众欢迎的表现形式。这种方法一般适宜于表现精细的物象，画者先用素描工具画出物象的轮廓、形体结构、黑白关系等，然后加上透明、鲜亮的大块色，使画面既严谨又活泼，从而产生特殊的美感。由于这类作品能充分表达出物象形与色两方面的特征，因而成为许多作者搜集创作素材、记录生活常用的方法。建筑方面的效果图，舞台美术的服装、造型等设计图，大都也采用这种素描与色彩结合的方法。在制作顺序上，一般是先画好底层的素描，然后再在上面设色，也可两者反复进行（木炭水彩，可先喷胶将木炭素描加以固定后上色，也可任由木炭粉末与水彩颜料自然融化，两种方法各得其妙）。其中，钢笔水彩为防止墨水渗化而污脏画面，也有在水彩色涂底后再在其上添加钢笔的线条。钢笔水彩的墨水以绘图墨水为宜，除了黑色，也可用其他颜色的墨水。

（四）水彩插图

水彩插图用纸和笔都很讲究，不同的纸对一幅画的表现有很大影响，好的水彩画纸，纸面白净、质地坚实、吸水性适度，着色后纸面依然平整。水彩画笔是用精细的羊毛制成的，非常柔软，有一定的弹性和含水能力。水彩画的技法多样，但大致无外乎干画法和湿画法两种：①干画法，即少用水，并非不掺水，而仅用颜料干擦，作画时要待前一层颜色干后再涂上第二层色，层层加叠，前一层色与第二层色有较明晰的界限，所以也称多层画法，展现肯定、明确的形体结构和丰富的色彩层次是干画法的特点，干画法不太受时间的限制，便于从容作画，较易掌握，对于初学者训练造型能力是很有帮助的，但干画法不易发挥水色流动的特色，运用不好会产生干涩、生硬等弊病。②湿画法一般可分为"湿纸法""湿接法""渗化法""泼墨法"。这种画法是在湿底上着色的方法，趁纸面水、色未干进行连续着色，湿时连接。重叠、点彩、沉淀等均属于这类画法。湿纸着色就是把纸浸湿或染湿后着色的方法，可将纸面全部或局部染湿，或在已干的色层上染水，再着色。湿纸着色利用水分的自然渗化使笔触强度减弱，色彩混合呈朦胧之美，画面可产生湿润、柔和、给人以若隐若现的感觉，呈现一种水色淋漓的特殊效果。

（五）丙烯、油画颜料插图

丙烯颜料是一种新兴的复合颜料，20世纪80年代后期才开始在中国流行，在性能上可以把它理解为介于油画颜料和水粉颜料之间的颜料。和水粉一样，它可以用水来稀释颜料，干的速度特别快，但它具有不透明且覆盖力强的特点。如果将它从管里挤出，一段时间后就会凝固，再用水调和也不能稀释。由于丙烯色彩鲜艳明亮，干后画面无光、抗水性强、易于保存等特点成为插图画家经常使用的材料之一。

丙烯画适合在各种质地表面作画，如纸张、油画布、木头等，油画笔、毛笔、水粉笔都可以用来作画。

油画颜料是用特定的植物油和颜料掺和而成。由于植物油挥发速度慢，油画颜料就具有干得慢的特点。油画颜料干与湿的变化非常微小，所以在着重于色调准确再现的地方和需要以极细微的层次表现色彩的地方，油画颜料是令人满意的、适于描绘的最好材料。油画颜料还具有覆盖力强、色彩鲜艳等特点，因而可以层层叠加，也可以直接表现。许多插图画家都喜欢油画颜料作为主要绘画材料。下面介绍几种常见的画法。

1. 色调画法

色调画法是在以单色为主的色调中，逐渐增进色彩与形体。通常用棕色和绿色的半透明色，随意而概括地画出整体效果，接着用中间色流畅地画出许多层次，使画作色彩丰富具有魅力。此画法起初显得平而无层次，但通过大胆地加强亮部和浓重地加深暗部来取得意想不到的效果。

2．对比色画法

这种画法完全是用强烈的色彩效果画出来的，将最浓艳的颜色用画笔和调色刀一起画上去，然后再用调色刀将刚画上的颜色迅速刮下来，使其只留下薄薄的色彩效果。然后用相对的补色或灰色将这种强烈的色调加以调整。这种起初显得有些粗糙的色彩，可以通过覆盖对比色的方法变得优雅和协调。其实每个插图画家都会有自己独特的表现方法，这取决于他希望达到的目的。

3．一次完成画法

这种方法只有在掌握了技术法则的全面知识后才能做到。一次完成画法在开始作画前就应当考虑到作品的最终效果，并用最短的时间将造型和色彩这两个因素直接表现出来。用这种方法开始绘制插图时，暗部可以暖一些、浅一些，亮部需要冷些、柔和些，所有深色部分和鲜明的重点部分如高光和强烈的色彩，都要等到整体效果完善时才能加上。

4．多层覆盖画法

多层覆盖画法是指绘画是分步进行的，首先制作适当的底层，通常要涂一层非常薄的底色，单纯的底色层可以使画家将注意力全部集中于素描和造型的完善上。开始效果弱一些没有关系，也不应有过强的立体感，暗部要保持虚些、暖些，亮部要保持冷些、柔和些，底色层与覆盖层在绘画的过程中彼此覆盖，在底层完成后用一次完成画法涂上各种色调，大致完成插图。这种技法不但尝试了一次完成画法的新鲜感，而且可以将素描、色彩、造型同时兼顾。

（六）水粉插图

水粉颜料是一种用水调和的颜料，它的特点是不透明、干得快、有一定的覆盖力，清洗方便，容易携带，颇受插图画家们的喜欢。水粉画的纸张，以质坚而紧、吸水适度、不渗化的白色纸张为宜。为了衬托出色彩的鲜亮，也有用白卡纸、白板纸的。各种纸的质地不同，表现的效果也有所差异，可根据作画的习惯选用。传统的水粉笔是用羊毛制成的，毛细质软，缺少弹性，多以扁头居多。

（七）中国画插图

中国画是我国传统的绘画形式。它是用毛笔蘸水、墨、彩作画于绢或纸上，简称"国画"。工具和材料有毛笔、墨、国画颜料、宣纸、绢等，题材可分为人物、山水、花鸟等，技法可分工笔和写意，它的精神内核是"笔墨"，并以点、线、面的形式描绘对象的形貌、骨法、质地、光暗及情态神韵。如果将中国画的形式运用于插图创作中，清新且富有诗意。

工笔画用细致的笔法创作，再渲染上色，一般分5个步骤：一是用铅笔起稿。二是过稿，将草稿放置在复制台上，使用勾线笔将稿子勾勒在宣纸上。三是渲，在画好的草稿上用墨来表现画面的明暗、层次，具体方法是用两支较大的毛笔，一支蘸墨，一支蘸水，先点墨，在墨没干之前用水渲开，造成一个自然的过渡。四是染，方法和渲的步骤差不多，不过使用的是国画颜料，这一步较复杂，为了让色彩更加均匀厚实，一般要进行多次，因而有"三矾九染"之说。五是勾线，在渲和染的过程中可能会造成原来的线条被色彩覆盖，要重新勾一次线。工笔画的过程和技法非常复杂多样，这需要画家在实践中不断探索和创新。工笔画插图着重线条美，细致写实是工笔画插图的特色。

三、插图中的综合表现方法

（一）拼贴

拼贴是一种常见的插图综合表现方法，它通过将不同的素材拼贴在一起，创造出独特的视觉效果。拼贴可以使用各种材料，如纸张、照片、剪贴画、文字等，通过剪切、粘贴、组合等手法，将这些素材拼贴在一起，形成一个整体的图像。拼贴的优点之一是可以创造出丰富多样的效果。由于可以使用各种不同的素材，拼贴可以呈现出多种风格和主题，从简约的黑白拼贴到色彩斑斓的抽象拼贴，都可以通过拼贴的方式实现。此外，拼贴还可以通过调整素材的大小、位置和角度等，创造出独特的视觉效果，使插图更加生动有趣。拼贴的另一个优点是表达丰富的情感和意义。例如，选择一些具有特殊意义的照片和文字，表达对某事件或人物的纪念；选择一些鲜艳的色彩和形状，表达喜悦和活力等。

在进行拼贴插图时，需要注意一些技巧。首先，要选择合适的素材，确保它们在整体图像中能够协调和谐。其次，要注意素材的质感和层次感，通过调整素材的大小和位置，使整个图像更加立体和有层次感。此外，还可以运用一些特殊的技巧，如剪纸、贴纸、涂鸦等，增加插图的趣味性和个性化。

（二）喷绘

喷绘是一种常见的插图综合表现方法，它通过喷涂颜料在画布或其他媒介上创作出图像。喷绘可以使用各种不同的喷涂工具，如喷枪、喷笔等，以及各种不同的颜料，如油漆、水彩等。喷绘的优点之一是可以创造出丰富多样的效果。通过调整喷涂工具的喷射压力、角度和距离，艺术家可以控制颜料的分布和混合程度，从而创造出不同的纹理、色彩和光影效果。这使得喷绘在描绘自然景观、抽象艺术和写实人物等方面都具有很大的表现力。另一个优点是可以在大面积的画布上进行创作。相比于传统的绘画方法，喷绘可以更快速地填充大面积的颜色，提高效率。此外，喷绘还可以在不同的媒介上进行创作，如墙壁、车身等，使得艺术作品可以与环境融合，增加艺术的互动性和观赏性。

然而，喷绘也有一些挑战和限制。首先，喷绘需要一定的技巧和经验，艺术家需要掌握喷涂工具的使用方法和颜料的特性，以及对光影和色彩的理解。其次，喷绘需要一定的空间和设备，如喷涂室和喷涂设备，这对于一些艺术家来说可能是一个限制因素。此外，喷绘的颜料也需要特殊的处理和保养，以保证作品的持久性和质量。

（三）摄影插图

摄影插图是以创作和使用插图照片为目的，通过摄影媒介将信息视觉传达给读者的一种方式。一般有报纸类时装插图、美食插图、编辑插图、杂志类时装插图等，它们的形式感很美，也给摄影师提供了一个自由发挥的平台。摄影插图一般由编辑部提出要求，由视觉总监主持策划出一个好的创意，由摄影师完成摄影部分，由美术部门完成美术部分，后由版面设计负责版面。一幅好的摄影插图作品最终的影像是将摄影、美术、图表、字体字号等所有的视觉语言有机地融合在一起。

（四）电脑绘画插图

电脑绘画插图不同于一般的纸上绘画，它是用电脑创作的插图。电脑绘画插图最大的优点是颜色处理真实、细腻；其次是修改、变形变色方便；最后是复制方便，制作速度快、画面效果奇特，因此现今电脑已成为插图的主要制作手段。

电脑绘画插图有手绘和鼠绘两种方式。鼠绘的一般程序是：先在纸上画出插图的轮廓即线描稿，再通过扫描仪扫到电脑上，然后通过绘图软件进行分层上色或用光笔画盘绘画。①

① 李鸿明，赵天华. 视觉传达设计［M］. 成都：电子科技大学出版社，2016.

第六章　广告视觉标志设计

第一节　商品标志定义

商品标志简称商标，是商品的一种标志，它是商品生产或经营者为了使自己的商品（服务）与他人的商品（服务）相区别而使用的一种标记，属专用性标志。世界知识产权组织将商标定义为商标是用来区别某一工业、商业、企业或这种企业集团的商品的标志（如服务标记是为了区别服务）。

商标是消费者区别、识别商品的重要依据；是产品质量状况、服务及企业的信誉保证；是企业形象的代言人；是企业树立良好形象、开拓商品销路、占领市场的重要竞争手段。正确地认识、使用商标，对企业乃至消费者都十分重要。

商标与其他标志的区别在于它遵循注册性原则、法律性原则。世界各国都有相关商标的法律规定，且因其社会制度不同互有区别，总体上分为绝对注册和自由申请注册两种。我国实行自由申请原则，由生产者或经营者按相关程序自愿申请注册。一经注册的商标就具有法律效力，受我国法律保护，所以依照程序注册商标是商品生产者或经营者必须认真考虑的。

第二节　商品标志设计

一、商品标志的设计原则

（一）创意卓越，内涵明确

一个好的标志应该具备独特的创意，能够吸引人们的注意力并留下深刻的印象。创意卓越的标志能够突出品牌的个性和特点，使其与其他竞争对手区别开来。同时，标志的内涵也应该明确。标志是品牌的象征，能够传达出品牌的核心价值和理念。通过标志，人们可以直观地了解品牌。因此，标志的设计应该能够准确地表达出品牌的内涵。为了实现创意卓越和内涵明确的标志设计，设计师需要深入了解品牌的特点和目标受众群体的需求。他们需要通过市场调研和品牌定位分析等手段，找到品牌的独特之处，并将其转化为创意的设计元素。同时，设计师还需要运用合适的色彩、形状和字体等设计元素，来传达品牌的内涵和理念。

（二）造型洗练，个性突出

在设计标志时，我们应该追求简洁明了的造型。简洁的标志更容易被人们记住和识别，同时也能够在不同的媒介上清晰地展现出来。个性突出是指标志设计要具有独特的个性和特点，能够与其他标志区分开来。有个性的标志能够吸引人们的注意力，让人们对品牌或组织产生兴趣和好感。通过在标志中融入独特的元素或形象，使标志更加生动和有趣，从而增强品牌的形象和认知度。在追求造型洗练和个性突出的过程中，设计师需要注意平衡，创造出既简洁又有个性的标志设计。

（三）易于识别，便于应用

好的标志能够在短时间内被人们轻松地识别和理解。这意味着标志设计应该简洁明了，避免过多的细节和复杂的图案。简单的形状和清晰的线条可以帮助人们快速地辨认标志，并与之相关联。此外，标志的设计还应该便于应用。标志通常会被应用在各种不同的媒介上，如纸张、屏幕、广告牌等。因此，标志的设计应该考虑到不同媒介的特点和限制。例如，在小尺寸的屏幕上显示的标志可能需要简化或调整细节，以确保清晰可见。而在大型广告牌上显示的标志可能需要增加细节和图案，以吸引人们的注意。

另外，标志的设计还应该考虑到应用场景和目标受众。不同的行业和领域有不同的标志设计要求。例如，一家科技公司的标志可能需要体现创新和先进性，而一家环保组织的标志可能需要体现自然和可持续发展。因此，在设计标志时，需要考虑到目标受众的喜好和期望，以确保标志能够有效地传达所代表的品牌或组织的价值和理念。

二、标志设计的主题选择

当我们准备设计一款标志时，首先考虑从什么角度去构思标志，如何更好地将创意体现出来，这就需要对主题做出选择。

（一）以企业、社团理念为题材

标志设计是一项重要的视觉传达工作，它不仅仅是一个图形或图案，更是企业或社团的象征和代表。因此，在选择标志设计的主题时，可以把企业或社团的理念作为题材，以突出其独特的特点和核心价值。企业或社团的理念可以是其使命、愿景、价值观等。通过将这些理念融入标志设计中，可以有效地传达组织的目标和意义。例如，如果一家企业的理念是"创新、卓越、合作"，那么可以在标志设计中运用创新的图形元素、卓越的色彩搭配和合作的符号，来表达企业的核心价值观。另外，还可以根据企业或社团的行业特点来选择主题。比如，如果一家企业是一家科技公司，那么可以选择以科技元素为主题，如电路图、计算机芯片等，来展现企业的专业性和创新能力。总之，选择以企业或社团理念为题材的标志设计，可以使标志更具有代表性和独特性，同时也能够更好地传达组织的核心价值观并表现其特点。

（二）以企业经营的项目、产品的特性或社团的性质为题材

在进行标志设计时，选择以企业经营的项目、产品的特性或社团的性质作为主题，可以更好地体现组织的核心价值和特点。以下是一些具体的主题选择和设计思路。

1．企业经营的项目

（1）如果企业经营的是环保项目，可以选择绿色植物或可再生能源等元素作为主题，传达出企业对环境保护的关注。

（2）如果企业经营的是科技项目，可以选择以科技元素、电路图案或未来科技城市等作为主题，突出企业的创新和科技实力。

（3）如果企业经营的是教育项目，可以选择以书籍、学生或智慧图书馆等元素作为主题，体现出企业对教育事业的重视。

2．产品的特性

（1）如果产品具有高质量和可靠性，可以选择以坚固的建筑结构、金属材料或保险箱等元素作为主题，重点突出产品的稳定性和可信赖性。

（2）如果产品具有创新和时尚性，可以选择流线型设计、时尚图案或现代建筑等元素作为主题，突出产品的独特性和时尚感。

（3）如果产品具有养生和天然性，可以选择健康食品、自然景观或运动元素等作为主题，传达出产品的健康和自然属性。

3．社团的性质

（1）如果是音乐社团，可以选择乐谱、乐器或音符等元素作为主题，突出社团的音乐特色和艺术氛围。

（2）如果是体育社团，可以选择运动器材、运动场地或健身动作等元素作为主题，传达出社团的活力和团队精神。

（3）如果是志愿者组织，可以选择援助手势、爱心图案等元素作为主题，体现出社团的公益性和社会责任感。

在进行标志设计时，需要根据具体的主题选择合适的颜色、形状和图案等元素，以及合适的字体和排版方式来传达主题。同时，还需要考虑标志的简洁性和易识别性。

（三）以企业、产品、社团的名称为题材

在进行标志设计时，可以选择企业、产品或社团的名称作为主题。这样的设计可以突出品牌的特点，增强品牌的辨识度和记忆度。首先，以企业名称为主题的标志设计可以通过字体、颜色和图形等元素来展现企业的特点和定位。例如，如果企业名称中包含了某行业关键词，可以在标志中使用相关的图形元素来突出企业的业务领域。另外，可以选择适合企业定位的字体和颜色，强化企业形象。其次，以产品名称为主题的标志设计可以通过图形和色彩来展现产品的特点和功能。例如，如果产品名称中包含了某种特定的形象或意象，可以在标志中使用相关的图形元素来突出产品的特点。另外，可以选择适合产品定位和目标受众的色彩，以传达出产品的品质和价值。最后，以社团名称为主题的标志设计可以通过图形和字体来展现社团的特点和宗旨。例如，如果社团名称中包含了某种特定的主题或理念，可以在标志中使用相关的图形元素来表达社团的宗旨和活动内容。另外，

可以选择适合社团定位和目标受众的字体和颜色，展示社团的活力和团结。

三、标志设计的构思手法

（一）象形的手法

象形的构思手法，即采用经过高度概括与提炼的具象图形进行设计，使它具有鲜明的形象特征，是现实形象的浓缩与精练。标志是一种信息载体。由于具有图形的通俗性，因而具象的标志比较容易被接受，产生良好的传播效果。在象形标志的构思手法中，又可分为表象类和意象类。

1．表象类

用鲜明的具体感性形象来直接反映，它基本忠实于客观物象的自然形态，采用与标志对象直接关联而具典型特征的形象，经过提炼、概括、简化，强调与夸张其本质特征，使其从生活的真实上升到艺术的真实。这类标志图形，由于形象性强、生动活泼、含义清晰，加之又是选择人们熟悉的对象进行表现，所以具有易于识别的特点。如以书的形象表现出版业，以火车头的形象表现铁路运输业，以钱币的形象表现银行业等。

2．意象类

以具有象征意义或相关联的事物来象征企业机构或产品，用比喻或暗示的方式来表现标志图形要表达的设计意念，创造出具有象征意义的艺术形象。这种设计往往采用社会约定俗成的物象作为代表物，如用鸽子象征和平，用挺拔的幼苗象征少年，用伞的形象暗示防潮湿，用箭头形象示意方向等。

意象型标志表现形式虽缺少直接的图解性、说明性，但巧妙含蓄，令人回味，寓意美好，蕴含深邃，具有丰富的审美内涵，给人以强烈而深刻的印象。

（二）字形的手法

以具有形态造型的文字来进行创意演化，表达标志设计意念的形式，传达信息准确，直观可读。它以世界通用的拉丁字母及中文字形为设计表现的主体。由于拉丁字母具有言简意赅、形态独特、变化多样以及中文独特的结构特点等设计表现上的优势，故已成为标志设计中常用的手法，成为标志世界中一个巨大的家族，在标志形象中占据着主导地位，并越来越广泛地影响着标志设计的发展趋势。根据设计的不同需要与表现要求，字形的手法表现形式可以分为以下几类：

1. 组字类的标志形式

通常只用一两个字母或一个汉字进行组合。

2. 连字类的标志形式

这类标志是用词语进行设计表现的，这种标志设计的重点在于字形的设计，故而需要设计师运用生动而灵活的构字形式来塑造字形的独特个性，给人不同的视觉感受。为了强化个性也可以在字体前面或中间加象形或抽象图形。

3. 数字类的标志形式

运用 1～10 的数字造型，创造风格各异、变化无穷的数字字体形态，这种数字字体形态具有很强的视觉表现力，能给人与众不同的审美享受。其鲜明的形式特征和审美趣味颇受当代设计师的青睐，在标志设计及其他美术设计领域广泛运用。

（三）几何形的手法

在标志的表现手法中，具象表现有着许多优势，但无法表达某些抽象感觉，尤其在标志中更难以施展，这时就只有借助于几何形的手法表现。设计师在进行设计创造时把表达对象抽象出来，然后用纯粹的点、线、面、体来构成抽象的图形，表达一种感觉和意念。这种标志表现形式图案感极强，其构成有一种抽象的美感，往往更具强烈的现代感和符号感，有很高的记忆值。特别是某些难以表现的概念，如精神、理念、精密度、效率、优质等，可以用可视的几何抽象图形表达。但是，几何形的标志也有不易为人们理解的不足之处。常见的几何形有以下两类。

1. 无机图形

无机图形是全部用直线、斜线等既有方向性又有力度的线形来构成的图形，具有庄重、挺拔、硬朗、有力等心理特征，能给人一种很强的理性和冷静的视觉感受，适于表达某种特定的设计主题。无机图形标志的构思手法可以使设计主题得到一种理想化的表现，从而产生良好的符号传播效应。

2．有机图形

与无机图形相比，有机图形的线形结构主要是变化多姿的曲线，故而具有轻快、活泼、生动、圆滑等心理特征，给人一种很强的感性和热情的视觉感受。与无机图形相比，有机图形有更大的灵活性与配适度，表现领域也更为广泛。

四、标志设计的表现手法

有了好的构思，还要有好的表现形式和手法。好的标志既要有独创性，又要有艺术美。

（一）秩序化手法

包括均衡、均齐、对称、放射、放大或缩小、平行或上下移动、错位等，有秩序、有规律、有节奏、有韵律地构成图形，给人以规整感。

（二）对比手法

颜色的对比，如黑白灰、红黄蓝等；形状的对比，如大中小、粗细、方圆、曲直、横竖等，给人以鲜明感。

（三）点线面手法

可全用大中小点构成，阴阳调配变化；也可全用线条构成，粗细、方圆、曲直错落变化；也可只用面构成；也可点线面组合交织构成，给人以个性感和丰富感。

（四）矛盾空间手法

将图形位置上下左右正反颠倒、错位后构成特殊空间，给人以新颖感。

（五）共用形手法

两个图形合并在一起时，相交边缘线是共用的，从而组成一个新的图形。

五、标志设计中应注意的问题

标志设计不能随心所欲，必须遵守不同国家、地区、民族的有关法令条文，并应充分了解相关风土人情、禁忌色彩、禁忌图案等，商标一类的标志设计尤其应注意这些方面。

在商品经济发达的现代社会中，商标已不仅仅是人们心目中区别商品的标志，而已成为一种重要的财产（无形财产），是有着与专利同样重要作用的知识产权。

第七章　广告视觉编排设计

第一节　编排设计原理

一、编排设计原则

广告视觉编排设计是指在广告中，通过合理的布局和设计元素的运用，使广告内容更加简洁明了，能够吸引目标受众并传达出准确信息。

广告视觉编排设计原则是指在广告设计过程中，为了达到最佳的视觉效果和传达广告信息的目的，需要遵循的一些基本原则。主要原则如下。

（一）简洁明了

简洁明了原则是指在广告设计中，尽量避免过多的装饰和复杂的布局，以简洁明了的方式呈现广告内容。这样能够让受众更容易理解广告信息，加强广告的传达效果。

在实施简洁明了原则时，可以从以下几个方面进行考虑：

（1）简洁的布局：避免过多的元素和装饰，尽量保持布局简洁明了。可以使用大块的颜色或背景来突出主要信息，避免过多分散注意力的元素。

（2）简洁的文字：避免使用过长的句子和复杂的词汇，尽量用简洁的语言来传达广告的主要信息。

（3）简洁的图像：避免使用过于复杂的图像或过多的细节，以免分散受众的注意力。

（4）简洁的色彩：避免使用过多的颜色和过于花哨的色彩，以免给人造成混乱的感觉。

通过遵循简洁明了原则，可以使广告更加清晰、易懂，提高受众对广告的接受度和记忆度。同时，简洁明了的设计也能够提高广告的美感和吸引力，增加受众的注意力和兴趣。因此，在进行广告视觉编排设计时，简洁明了原则是一个非常重要的因素。

（二）简明易懂

（1）易于理解的配色：选择适合广告主品牌形象和产品特点的配色方案。

（2）易于辨识的品牌标识：广告中应该清晰地展示广告主的品牌标识，使受众能够快速辨识出广告主和产品。

通过遵循简明易懂的原则，广告视觉编排设计能够更好地吸引目标受众的注意力，提高广告的传达效果，从而达到广告主的宣传目的。

（三）独特创意

广告创意是广告视觉编排设计的重要组成部分，它通过独特的创意来吸引观众的注意力，传达广告的信息。以下是一些常见的独特创意原则：

（1）突破常规：通过打破传统的视觉规则和常规的布局方式，创造出与众不同的广告形式。例如，可以使用非对称的布局、不同尺寸的元素或者不同颜色的背景来吸引观众的眼球。

（2）引起共鸣：通过使用观众熟悉的符号、图像或者情感来引起观众的共鸣。例如，可以使用具有象征意义的图像或者情感化的表达方式来让观众产生共鸣，从而更容易记住广告。

（3）利用幽默：通过使用幽默元素来吸引观众的注意力。幽默可以让广告更加有趣和易于记忆，同时也能够让观众对广告产生积极的情感。

（4）创造视觉冲击：通过使用大胆的颜色、形状或者图像来创造视觉冲击效果。这种冲击效果可以让广告在众多其他广告中脱颖而出，吸引观众的眼球。

（5）利用对比：通过使用对比的元素来吸引观众的注意力。例如，可以使用大小、颜色、形状或者文字的对比来突出广告的重点，让观众更容易理解和记住广告信息。

二、版式

印刷媒介的广告版面设计种类繁多，有独幅的版面设计，如招贴广告、报纸广告；有折页的版面设计，如直邮广告；有连续的版面设计，如书报杂志、样本宣传册；还有立体折叠的版面设计，如包装广告等。

（一）书刊的版式

书籍装帧是平面设计中最复杂的编排设计。由于它具有图文内容连续编排的特征，因此必须依照一定的内容顺序、递进、变化等进行整体设计。

书刊包括护封、封面、书脊、骑缝、切口、勒口、扉页、版式、插图等组成要素。护封，也叫"包封"，是包在书籍外面的书皮，起保护封面的作用，同时也起着装饰的效果。封面，也称"书衣"，是包括封底在内的书的表面，通常采用厚纸加光膜、亚膜工艺制成，印有书名、作者、出版社名称和标识。书脊，也称"封脊"，即封面与封底的连接处。较厚的书籍其书脊较宽，在书脊上一般都印有书名、册次（卷、集）、作者姓名以及出版社名称，便于在书架上查找。厚本精装书的书脊还可以采用烫金、压纹等工艺处理。骑缝，书籍的跨页之间或报纸的两版面的合缝或中缝，指两纸接连或装订的地方。订口在右边的属中式装订，订口在左边的属西式装订。订口沿骑缝线装订。因此，宣传册两页之间或跨页间的图文编排要特别注意缝口的折痕给文字阅读带来的不便，要尽可能地避开或留有空隙。切口，书刊三面切光的外口，分"上切口"，亦称"书顶"；"下切口"，亦称"书根"；"外切口"，亦称"裁口"。一般来说，出血版的图片与标题文字编排与切口有很大的关系，在印刷前必须留有出血线，保留裁切口的余地。勒口，封面、封底外切口处向内折口的部分。用以增加封面、封底的厚度，使幅面平整，并保护书心和书角。勒口也用作排印作者介绍、内容提要、丛书介绍等。勒口的宽窄一般按开本的大小决定，同时考虑纸张的合理利用。扉页，也叫"内封"，旧称"护页"，在封面或前环衬的后面，是正文前的一页，起着补充封面的作用，文字内容比封面更详细、集中，又是封面与正文的过渡。版式，书刊排版的格式。包括版心、天头、地脚、中缝与外切口的空白处，以书眉、页码、字距、行距、排式、标题、字体、插图等的格式安排。插图，与文字内容相关的插画和图片。插画是由绘画手段完成的图形，图片是由摄影技术提供的图形。除了图文结合的插图，还有插页的形式，插页是插订在正文中的单页，如图表、附图等，插页一般不标页码。

（二）传统版式与出血版式

从书籍装帧到现代企业样本的平面设计，版面设计由传统的中心版式到现代出血版式，其版式构成和审美需要以及工艺技术有很大关系。

1．中心版式

在传统书籍装帧中，特别是以文字编排的书刊，版面以版心居中为特征，由文字编排构成的面积处于版面的中心，留有天头、地脚、订口和翻口。传统的西方文学经典作品，也有一些插图和文字一起被安排在版心位置。

2．出血版式

现代版面形式的发展变化趋向活泼生动。由于杂志一类的栏目繁多因而版面越显丰富、活跃，感情气氛就越发浓郁。图片的排列容易出血式的版面编排。出血版面是指书刊中图版的一边或多边超出开本，经裁切之后，不留白边，即图片直接延伸到版心之外，紧靠版面的天头、地脚和外切口。出血版面中的图片或标题为离心辐射的排列，注重图文的重心均衡式处理，具有现代艺术对比鲜明的特征。其分段式版面大小切块，穿插呼应，图片重叠组合极具表现力。出血版式的编排形式变化多端，在具体操作中，依赖于个人的视觉经验和设计感觉来调整图文之间的关系。

三、版面构成原则

版面构成形式涉及版面经营，它离不开规范的形式美的基本法则。尽管平面广告版面处理极富变化，没有固定不变的形式，但在具体的学习把握过程中，为了把文案、图形和色彩要素有序地加以编排，一般选择广泛应用的网格系统作为编排的基础。

（一）网格系统与编排

网格系统是 20 世纪 40 年代由建筑师勒·柯布西提出的。他将一个矩形以黄金分割引申出的体系分割出 44 个设计方案，从而为图形设计、版面编排提供可选择的基本模式。由水平线和垂直线构成的几何形网格，是版面编排的基础骨骼，图文内容可按网格来配置和控制。由垂直线与水平线构成的网格是最为基础的骨骼，在版面上具有清晰的分割形式，如确定版心尺寸以及确定栏目的宽窄、多少、空白的大小。横栏与竖栏的分布区域以横竖框线明确被依附，文字与图片应严格以网格为依据，进行适合空间的巧妙编排。一般来说，适合网格的编排比较方便，而且显得严谨而有序，但机械地填入则使它较为呆板。因此，以网格为骨骼支撑，根据整体的版面需要，为体现主题与设计的需要，作适当破格的处理，使条块分割之间有串联的变化，能给人一种既严谨、又极富变化的视觉秩序。

（二）对比与调和

版面的比例关系是由图版和文字的面积、位置、数量等决定的。比例是一种用几何数理的形式表现出的一定的数字关系，如等差数列、等比数列、黄金比等，以求得适度的和谐美感。具体来说，比例是版面与分割的不同部分产生的相互关系，特别与图版面积的空间占有直接有关。由图片面积组成的版面一般比较实，对比强烈；由文字积点成面的版面一般比较虚，单纯而调和。独幅版面的比例分割，一般以条块分割为主，突出版面的中心位置。户外招贴广告、喷绘广告一般以图版的大小面积比例为主，尤以比例反差大而显得醒目刺激。而宣传册版面的分割比例关系，要视具体内容而定。理性的版面的比例关系多属等差、等比数列的调和形式；而感性的版面比例关系多为对比的形式。宣传册一类的版面图版数量较多，画面分割比例要适度，要从视觉上迎合读者的阅读心理，要分而不乱、割而不断，通常具备有序、顺畅的特性。

（三）对称与均衡

对称的形式感觉是单纯稳定，对称的形式有以中轴线为轴心的左右对称，以水平线为基准的上下对称和以对称点为中心的发射对称。由于对称形式本身具有相对、相悖的重复特征，含有结块、组段的封闭的特点，所以，不管是跨页的版面设计，还是独幅的版面编排，它都具有结构严整的表现力。

除了对称形式的任何形式都具有均衡的特征。均衡是动态美的具体表现。作为版面设计中强调动中有静、静中有动的和谐关系，均衡以形式的规律——等量不等形的法则表现出对立统一的和谐美。版面的均衡是利用视错觉经验来调节的，具有灵活、变化的特点。如果简单地以网格面积分割是不够的，它主要体现在图文的点、线、面的有机组合以及具体图片与文字的巧妙编排组合上，明暗和色彩也起着复杂而微妙的调节作用。

（四）力场与空白

版面的力场受网格的块面分割，使版面产生具有条理性，又有视觉力的虚拟空间。由于网格明显支配着图文的编排，特别是由大幅的图片与底色形成强烈对比的空间关系时，其图片占有版面的面积就特别清晰有力。中国绘画中有"密不透风，疏可走马"的说法。"密"有充实丰盈的精神，"疏"有空灵简远的境界。广告版面也常运用团块结体与空白的版面作对应，由密集的图片或积集组块的文字与平涂的色块或充裕的空白作对比，以虚实的极限产生视觉反差。广告版面的空白能引发一种明快的情绪，暗示出高格调的雅致、大方的品位。其实，版面大面积的留白是要精心谋划的。空白容易产生单薄简单的感觉，但也可以令人产生舒适的心境。因此，空白构成了具体的、高质量的视觉感觉，更重要的是空白不是苍白，而应该有清新的气息和纯净的格调。

（五）视域视觉流程

编排设计的版面经视知觉分析，提出最佳视域与视觉流程的原则，这一提倡实际上是对信息的有序处理，从而引导人们的视线按照设计意图接收信息。最佳视域是指版面最优选的方位，在户外招贴广告设计中，这一原则以其有效性和合理性已被图形设计师广泛应用。版面的视觉中心往往是广告画面中居中偏上的中心位置，它是以画面外框界定的空间而言的。这仅仅是指一般的概念。其实在广告画面中是因其精彩的图形或标语而定格的，从最诱人的部分开始到整体，广告作品最终还是以它独特的个性展示其视觉魅力。

视觉流程是指视线从左至右、从上到下的自然流动习惯。在一定限度的空间内应目力所及，流畅的视线可以增加阅读率，增强视觉传达的效果。当然，我们也不能把它看成一成不变的教条。视觉流程具有流动的方向感，当相同或相近似的基本造型和色彩重复以相同方向组合编排时，视觉流程会统一有序地按其方向流动，特别是被去底的图片具有朝向的方位感。版面设计通过点、线、面的巧妙组合，加上色彩的搭配，自然形成有聚有散、亦静亦动的整体版面效果。

（六）节奏与韵律

现代版面编排整体趋向动态的表现，平面版式的动感是由视知觉产生的。首先，网格的骨骼可以以等差的数列构成，或以倾斜的角度来排列，甚至采用非网格的编排，利用较为灵活自由的分割形成具有动态的框架和组织形式。图文以点、线、面的形式表现时，特别强调线形的整体感觉，由于线本身的表现和线结构的暗示具有舒畅、流动的韵味，因而通过诸多要素的细微调整，可产生有节奏感的主旋律。

第二节　广告版面设计

广告编排要保证信息传达的功效，同时还要建立有序结构的视觉形式。只有最佳的编排结构，才能产生最佳的视觉效果。

一、广告编排形式

按照广告画面的要求，特别就独幅形式的具体编排列出以下方式。

（一）中心式

中心式广告编排形式是指广告中心围绕一个主要元素或主题进行布局和设计。在这种形式中，主要元素通常是产品或服务的形象、标志或名称。其他辅助元素则围绕主要元素进行排列，以突出主要元素的重要性和吸引力。

中心式广告编排形式的特点是简洁明了，重点突出。通过将主要元素放置在中心位置，可以吸引观众的注意力，并使观众更容易记住广告内容。此外，中心式广告编排形式还可以通过合理的布局和设计，使广告看起来更加整齐、有序和美观。

在中心式广告编排形式中，可以使用各种设计元素来增强广告的吸引力，如颜色、形状、文字和图像等。通过巧妙地运用这些元素，可以使广告更加生动、有趣和引人注目。中心式广告编排形式适用于各种媒体平台，包括印刷媒体、电视、互联网和社交媒体等。无论是在报纸、杂志还是电视广告中，中心式广告编排形式都可以有效地传达广告信息，吸引观众的注意力，并促使他们采取行动。

（二）直立式

直立式广告编排形式是指在广告设计中，广告元素以垂直方向排列的形式展示。这种形式常见于户外广告牌、展览会场、商场等场所，能够吸引人们的注意力并传达广告信息。

直立式广告编排形式的特点是垂直排列的布局，通常由上至下依次展示广告元素。在设计上，可以通过不同的排列方式来突出广告的重点和主题。例如，可以将产品或服务的主要特点放在广告的顶部，以吸引人们的注意，然后在中间部分展示产品的形象或使用场景，以增加人们对产品的兴趣，最后，在底部放置联系方式或购买渠道，方便消费者获取更多信息或进行购买。

直立式广告编排形式的优势在于能够充分利用垂直空间，使广告更加突出和引人注目。同时，由于垂直排列的特点，广告元素之间的关联性更强，能够更好地传达广告的主题和信息。此外，直立式广告编排形式还可以根据不同的场所和需求进行灵活的调整和变化，以适应不同的宣传目的和效果。

（三）交叉式

交叉式广告编排形式是一种常见的布局方式，它通过将多个广告交叉排列在一起，这种布局方式可以使广告之间形成对比和对话，增加视觉冲击力，吸引读者的注意。同时，交叉式广告编排形式还可以提高广告的曝光度，因为读者在浏览页面时，往往会被交叉排列的广告吸引，从而更容易注意到广告内容。

交叉式广告编排形式可以用于各种媒体，包括报纸、杂志、网页等。在报纸和杂志上，交叉式广告编排形式通常通过将广告排列在不同的版面上，或者将广告插入文章来实现。在网页上，交叉式广告编排形式可以通过将广告插入，或者在页面的不同位置交叉排列广告来实现。

总之，交叉式广告编排形式是一种有效的广告布局方式，它可以增加广告的曝光度和吸引力，提高广告的效果。通过合理运用交叉式广告编排形式，广告主可以更好地吸引目标受众的注意，传递产品或服务的信息，从而达到营销的目的。

（四）水平式

水平式广告编排是一种常见的广告布局形式，它将广告元素水平排列在广告空间中。这种编排形式通常用于横幅广告、平面广告和电视广告等媒体中。

在水平式广告编排中，广告元素按照水平方向依次排列，从左到右或从右到左。这种布局形式可以让观众在一眼扫过的同时，快速获取广告信息。同时，水平式广告编排也有助于提高广告的可读性和吸引力。

在水平式广告编排中，广告元素的排列顺序和大小可以根据广告的内容和设计需求进行灵活调整。通常，广告的主要信息和核心内容会放置在最显眼的位置，以吸引观众的注意力。而次要信息和补充内容则放置在较次要的位置。

水平式广告编排的优点之一是可以展示更多的广告内容。由于广告元素是水平排列的，所以可以在有限的广告空间中展示更多的信息和图片。这对于需要传达多个产品特点或多个优惠信息的广告来说非常有用。

此外，水平式广告编排还可以提供更好的视觉平衡和美感。通过合理安排广告元素的大小和间距，可以使整个广告布局看起来更加和谐统一，这有助于提升广告的品牌形象和吸引力。

（五）线体式

线体具有方向、流动的显著特性。由线依附的图文编排，可作斜线或弧线的走势，构成多变的形式。

1．斜线式

斜线有明确的指向和走势，以冲动、突变的作用，象征情感的强度。按典型的 45 度或 60 度的斜式空间分割，将标题等文字进行顺势排列，可以增加版面的艺术性。另外，把主要字体作集合式巧妙组合，并向中心集合构成，可传达激烈的情绪和极端的气氛。当然，斜线式排列不宜把主题性图片作斜向安排，避免产生错误的读解和联想。但以一些非直接的衬底的图片作斜式处理可增添画面的动感和情绪。总之，斜线式的排列，既要体现干练的气势，又要注意视觉传达的快捷。

2．曲线式

平面广告中把主题的图文信息安排在曲线的轨迹上，不管是以 C 形涡线为中心的排列，还是以 S 形为曲线的流动排列，都具有柔美、优雅的特征。曲线形式的编排特别适宜传达抒情意味的气氛。文案中的标语作曲线排列可以增添广告语口语化的特点，通过形式的有序安排传达一种与主题吻合的情绪。曲线特征的图形一般可在图片上作影像处理，即通过去底扣出形象的轮廓特征，利用去底的图像可调节画面的空间效果和整体气氛。任何一位图形设计师在电脑编排操作中，都会适当地根据图像的轮廓特征安排其与文字的组合关系。一般来说，这没有具体的定式，完全依赖于对整体气氛的把握和具体细节的处理。因此，曲线式编排在实际运用中要利用点、线、面的图文元素作精心安排。

（六）散点式

散点式就是以非聚焦的形式作平面分散铺陈，它可根据几何网格作有序排列，也可作天女散花式的自由组合。散点式编排适宜表现多元素的画面，一般图像内容繁多，可作并列关系的组合构成。以几何网格控制图像，以散点有序排列，画面比较稳妥工整，但要注意疏密关系。以点或线或面的密集排列要意图明确，在无序中把握不定性的间隔排列，形成自由分布的平面空间效果。

（七）发射式

发射式是指由中心点向外发射的形式，如光的发射，具有扩充、张力的感觉。编排者把诸多要素统一集中于一个着眼点，具有多样统一的综合视觉效果。采用中心点的形式向外扩展，以图形的聚集或叠加的艺术手法，突出图形在画面中的视觉效果，具有震撼力，能令人振奋。发射式并非只有米字形扩散这样简单的形式，还可以选择旋转的角度，或以全直径发射或半圆错位发射寻求变化。总之，应随机应变、活学活用。它让图形与周围的空间有扩大的效果，更适用于独幅性广告的品调和视觉感知。

二、版面编排的发展

版面设计艺术的发展有着漫长的过程，以印刷媒介而言，经历了从最早的铅字排版到现代电子分色制版技术，从活字凸版印刷到现代平版印刷；从设计手段和风格来看，经历了从早期的绘画插图和美术字体设计发展到现代摄影图像和字库选字的电脑图文处理和排版，从早期书籍设计的传统编排布局到如今强调个性化的风格迥异的设计。

（一）插图书籍的编排格局

德国古登堡发明的印刷技术，促进和推动了德国乃至整个欧洲的出版。15世纪欧洲出现了带有插图的书籍，那时文字图画就开始和混合编排。排版方法从德国传播出去，到文艺复兴时期的意大利，书籍从宣传宗教内容发展到普及科学知识，从单纯的宗教知识传播发展到具有知识性和娱乐性图文结合形式的传播。不但在技术上日渐精湛，其艺术潜力也得到很大的发挥。

1．版面模式

以德国为代表的书籍艺术确定了严谨、工整的版面编排格局，一方面趋于阅读功能化的模式，另一方面确定了版面整体统一的风格。它采用版面向心式的内敛排列，即保持版心集中，四周空白的对称格局，使版式框架结构具有整饬的美感。

2．文字设计

由于书籍主要以文字编排为主，其字体设计就成为首要的问题。采用独特的字体结构、粗细曲直的笔画，利用比例作为基本模数，因而有其鲜明的特色。另采用文字与装饰图案的巧妙组合，以纹样点缀对首写字母的装饰，还采用花边图案装饰周边，增添精美典雅的特色。

（二）"工艺美术"运动与编排设计

以威廉·莫里斯为首的"工艺美术"运动是1860年前后在英国展开的新艺术风格的设计运动。他们提倡歌德风格和其他中世纪手抄本装饰的风格，在装饰上反对维多利亚风格，倾向于东方式的装饰，采用大量枝蔓、卷草、花卉、鸟类等纹饰，充满了浪漫的自然主义色彩。

莫里斯为克姆斯各特出版公司设计的标志和出版物编排设计，体现了重手工业传统、重中世纪装饰风格和东方装饰风格的立场。其版面编排非常严谨，标题和插图工整的对称编排显得风格统一。首写字母用卷草纹样装饰点缀，扉页装饰往往采用整版的植物纹样为底纹。整体上给人以非常精美的感觉，体现了优雅而浪漫的装饰风格。

（三）现代主义的平面设计

20世纪现代主义设计主要以俄国的构成运动、荷兰的"风格派"运动和德国以包豪斯设计学院为中心的设计运动为三大核心，在"二战"后汇流成"国际主义"设计风格。

1．构成主义风格

俄国的构成主义是以画家马列维奇为代表的艺术流派，该流派创造出了抽象的构成主义艺术和设计风格。这一风格采用简单的立体结构和解体结构的方式，并以鲜明的、单纯的色彩，是以艺术形式为至上目的的抽象艺术形式。

构成主义的平面设计艺术家代表当数李西斯基，他坚持对版面进行结构方式的纯粹的设计，从来不用纹样装饰和装饰字体。大量结构简单、纵横编排、色彩单纯的平面作品体现了富有秩序感的、趋向硬边结构的艺术风格。

2．荷兰"风格派"

荷兰"风格派"通过纯结构的方式，组合成带有理想主义色彩的几何造型。"风格派"的形式起源于画家蒙特里安的抽象绘画的探索，他把视觉因素降低到最低水平，画面中只有垂直与水平的黑色直线，上面仅有一些几何形的纯色色块，开创了一个新的秩序和新的视觉画面。

3．包豪斯体系的平面设计风格

由建筑师格罗佩斯在 1919 年创立的包豪斯学校，成为欧洲现代设计思想的交流中心、设计教育和实验基地，被称为"世界工业设计的摇篮"。在平面设计方面，莫霍里·纳吉具有很大的贡献，由于他本人对绘画和摄影都非常精通，在版面设计中追求抽象，构成单纯效果，体现了他对俄国构成主义艺术风格的追求。同时，照相机成了他设计的特殊工具，他利用照片的拼贴、摄影技术来从事平面设计，采用显微、鸟瞰角度等超视方法，在抽象结构中结合写真的细节，具有构成主义、超现实主义的艺术特征。

（四）国际主义平面设计

20 世纪 50 年代，德国的巴塞尔和瑞士的苏黎世的设计家十分活跃，他们成为探索平面设计发展的核心主体，逐步形成了简洁明确、视觉传达功能准确的平面设计风格，成为第二次世界大战后影响最大的、流行最广的设计风格，因此被称为"国际主义平面设计风格"。

国际主义风格的特点是力图通过网格结构和近乎标准化的版面达到设计上的统一性、规范性。具体地讲，这种风格往往以编排网格为设计框架，在方格的网线骨架上将图文要素进行非对称式的编排，将视觉要素包括字体、插图、照片、标志等都编排得体，追求统一与变化，使诸多视觉元素按点、线、面的形式组合构成，从而出现简单的纵横结构，即图形轮廓清晰、文字有条理的组合排列。国际主义风格的平面设计由于强调功能，主张高度的秩序化、理性化的视觉传达，因此也成为平面广告设计的典范。

第三节　宣传版面设计

广告宣传册种类繁多，一般包括各种广告宣传折页和以连页装订成册的印刷物，包括一些企业宣传资料、产品介绍、服务手册等产品宣传单。产品宣传单以推销商品为目的邮寄给特定对象，其范围集中明确，要求印刷精美。其形式多为折叠式，可采用 16 开纸对折、三折以及 8 开纸四折等形式。版面构成具有连续性、便捷性的阅读特征。

产品宣传册是已装订成册的印刷品，其内容丰富、形式多样。企业的宣传册一般以产品样本居多，它提供企业产品、服务和理念等，其资料比较全面，可供保存和查阅。凡商品形状、结构、品质、性能、使用、服务等资料都应翔实，印刷的开本形式有 32 开、24 开和 16 开等。这里之所以单列此类版面设计作为分析对象，主要是因为它不同于招贴广告的独幅画面，连页画册的设计是空间的，也是时间的，在编排上应体现时空处理的多样性特征。宣传册设计不但要使版面内容条块分明、层次清楚，而且这类印刷品的编排水准、选用纸材、印刷装订是重要的环节。从整体上看，要保持内外页面的整体美观，特别是封面设计。因此，在视觉设计上，要给予读者图文和谐统一又富有节奏美感的视觉享受。

一、图文信息

企业的宣传册如同一本专业杂志，其内容应具有专业性、针对性。宣传手册是传达广告的信息载体，它不但要对有关产品信息和服务信息进行宣传，在设计创意中也应注重提升企业品牌意识，介绍企业的经营理念和企业文化。

因企业的宣传册是有针对性地对市场与受众目标进行无声的推销，故人们把它称为"无声的推销员"。它主要围绕读者的需求，服务于目标受众。因此，宣传手册的广告诉求，必须明确为消费者服务的宗旨，以便利顾客、服务顾客为目的。

根据广告调查来细分、锁定消费群，提出适用于消费者的生活形态和品位的新的生活理念，还要与消费者建立新的消费理念，使之成为和消费者构建心灵沟通的桥梁。

企业宣传册的文案信息要传达正确。宣传册的文案内容比较多，文字表述也较详尽。可结合广告主体的诉求分段分篇展开，在选用图文展开广告诉求时特别要注意版面内容，一般以目录方式登载商品信息，以条块分布使之层次分明，使消费者能看到具体的产品资料和服务信息，省去购物时不必要的奔波和盲目寻找的麻烦和疲劳。宣传册的文案可采用醒目的标题和口语化的文字表述，亲和的语气和新颖别致的形式，更容易拉近与消费者的距离。

另外，企业宣传册作为商品的说明书，要醒目标注广告和优惠力度，如服务项目和优惠价格等。当消费者接受广告提供的信息，并获得某些实惠后，会对产品产生好感，存在多次购买的可能。

二、图文编排

要使企业宣传册成为企业品牌传播与消费者之间的沟通桥梁，设计新颖、编排美观的版面是必不可少的。

（一）图像处理

浓郁的生活气息、诙谐幽默的插图、夸张的造型和强烈的民族风格都能引发人们的想象，发挥情感因素的积极作用。其创意手法主要采用夸张、对比、比喻、巧合等手法，从而提升广告的艺术品位和审美价值。在图像处理上，传统的手绘图画和现代的摄影图像在电脑技术辅助设计中会出现出乎意料的艺术效果，电脑技术已成为设计师的好帮手。

1. 图像去底处理

在一幅照片中，也许只有一个形象和一个部分是设计所需要的，因而需像绘画一样勾画出某一形状的外轮廓，去掉多余的背景，获取一个轮廓鲜明的形象。去底后的图像，物体本身的曲线形态就会展露出诱人的魅力。曲线形态在网格的版面结构中，呈现出活泼流动而随意的布局，其版面变数更大，设计师需随机应变地摆弄画面，凭借经验和想象去重新组合诸多视觉元素。去底的图像可与白地相配合，能表现出丰富、纯净的版面效果，也可与色块衬底相配，显得别致大方。

2. 正像艺术处理

图像电脑处理手法众多，基本上是针对图像的造型、明暗、色彩、肌理等做不同的艺术处理，如可以做图像形态变异、明暗或色彩变调、形态视觉肌理处理等。具体为：图像形态的简化、夸张、变形处理要通过扭曲、勾线、拼贴、浮雕等手法；图像明暗强化或弱化的归纳处理和色彩的变异、变调处理需通过羽化、淡化、对比、明暗等手法，又分别做色彩的色相、明度、纯度的综合表现。图像形态要做出不同的视觉肌理需要通过特技，比如剪、撕、刻、贴、拓、印、涂、染等手法产生要做出效果。

3．负像艺术处理

图像做负像处理后，一般用作版面的底图以衬托文字或图像，可以产生特殊的艺术效果。

（二）编排形式

企业宣传册以精致美观为特征，编排创意具有较自由的表现空间。但是若要发挥它自由编排的优势，设计者必须具备丰富的视觉经验及深厚的专业知识，这样才能产生独特的创意和画面控制。

由于宣传册要便于随手翻阅，因而版面编排的视觉节奏十分重要，也是宣传册编排设计成败的关键。它不同于户外广告瞬间的视觉冲击力，而是以新颖别致的编排令人百看不厌，如果版面编排混乱则会引起读者的反感。

宣传册具有页面连续的形式特征，对于插页、折页、内页、跨页形式的图文设计，编排的次序和位置应注意整体的节奏。一本宣传册往往内容繁多，对于图片、插图、文字、色彩等诸多要素要注意整体的统一。页面与跨页之间、部分与整体之间的编排关系，画面的前后转承、版面的纵横关系较为自由，即在图形创意和编排上保持整体美观，应注意竖向先上后下、横向先左后右的视觉习惯。要按照"最佳视域"和"视觉流程"习惯形成的视觉规律，达到广告内容阅读的最佳视觉效果。

具体地说，广告的文案编排一般比较具体，应根据广告诉求主题进行创意，以条块排列为主，便于消费者阅读。广告的标题、标语应处于显著位置。除了字要大，标题、标语的字体也要有变化，色彩要醒目。把较多的文字加以有序地编排，主要借助于视觉活动方向的线脉来抓住读者视线，正文与附文的主次关系也要分明，通常可在底色上安排附文内容，以便突出正文内容。

一般来说，图文编排的层次可灵活运用。在编排形式上，有中心版式、整页出血版式、跨页出血版式等。图片和文字采用交叠、透叠的结构。图文编排的虚实关系，可根据主题创意的表现形式而定。以文字为主的版面，甚至有些将正文与附文作垂直排列，图片的色调可作适当调整，变色或变调以保持与文字相协调；以图片为主的版面，标题、标语等文字要与图片巧妙组合，有些文字可作斜向、弧线、曲线排列，这些处理都不会影响宣传册的视觉感受。相反，自由版面能提高人们阅读的兴趣，产生积极而有效的广告效果。

产品宣传样本的图文编排趋向于精致美观，同时在纸面折叠上也追求新颖别致、巧妙新奇的装饰手法。其纸面折叠的开合形式有对折、三折的页面样式，也可以利用纸面开刀法来装饰版面或改变平面的方正效果，以使平面与立体巧妙构成新版面。然而，要熟悉印刷技术，纸材选用和加工技术等制作流程，熟悉折、叠、缀、打洞、押型、上光及剪裁等工序，方能确定自己设计编排的形式。特别是不同纸张的性能和用途，与字体的大小和图像色彩印刷有直接关系。印刷一般采用铜版纸和哑粉纸为佳，如果需要一些特殊的艺术效果，印刷时则多选择特种艺术纸，强调纸面自然的纹理和色泽，给人一种特殊的视觉感觉和舒适的触摸感。总之，印刷宣传册一方面要体现美术设计的整体水准；另一方面更要展示纸张的材质精美和印刷制作水准。赏心悦目的色彩、精细感人的图片和清晰优美的文字以及高质量的印刷是提升广告设计的四要素。

三、版面色彩处理

色彩是影响视觉感受最活跃的因素。在版面色彩的处理上，特别是广告页面的整体色调，在编排上要有整体且富有变化的视觉节奏感，成为人们阅读时的"调剂品"，因此，版面色彩处理得好坏直接影响到读者的阅读兴趣。

宣传册要有一个主色调，有了主色调，就可以协调图片与文字的关系，构成各册页之间的串联方式。如果图片杂多难以编排，在图片下铺垫色块具有归类协调的作用。如果图片和文字等视觉元素过于繁杂，那么色调以单纯统一为好。

色彩在版面设计中也具有强烈的形式感特征。一般来说，页面数量多的宣传册，其色彩可按内容分布的格局配置，版面底色分段分篇铺垫色块，形成有序的视觉效果。总之，色彩既可以用来规划和分布格局，使画面条理化，又可以活跃画面气氛，增加图文编排的艺术效果。

第四节　广告版面样式

　　我国传统古籍的装帧形式有其独特的风格，其形式与编排保持整体统一兼具变化的特点。尽管现在编排方式已经由横式变为竖式，改变了字序和行序的排列方式，但在一些书籍画册编排或广告设计编排中，仍可根据特定的版式和创意表现的需要，对传统装帧形式和编排形式加以利用和发挥。

一、"积页成册"

　　从传统的册页到后来的线装书，是通过印刷媒介完成的装帧艺术。书册是由许多印有图文的纸页装订而成。我国 10 世纪前半期称之为"册叶制度"，一张没有装订的印页叫"叶"，一般写作"页"，装订起来的整体叫"册"，即积页成册。册页的每页恰好相当于雕版印刷的一版，由印版所占的版面面积，即版面四周的版框构成版面与天头、地脚的空间关系。传统版框的线叫"边栏"。边栏有单线与双线两种，单线叫"单栏"，双线叫"双栏"。双栏的线一般内细外粗。版面中用直线分成行距叫"界行"。此外，在版框左栏外上端有时有一小方格，叫"耳子"，也叫"书耳"，内刻简单的篇名，相当于现在书籍的边题。册页前后页之间的折缝叫"中缝"。为使折叠整齐，折缝上下端有时印有黑线，俗称"黑口"。如果黑线占满了或几乎占满这段中缝就叫"大黑口"，否则就叫"小黑口"，在上的叫"上黑口"，在下的叫"下黑口"，倘若中缝根本没有黑线，就叫"白口"。册页的版心上端的白边叫"天头"或"书眉"，通常是读者作批注（眉批）之用。

　　传统的册页装帧是把长卷反复叠成一个长方形的折子，在前后加上两张硬纸板裱上绢、布或有颜色的纸，作为书皮。书籍装订有两种方法：一是蝴蝶装，是册页制度最早的一种装帧形式，是由旋风装变化而来的，即前后封面用一整张纸。具体做法是将页面折叠，按照中缝，字对字地向内对折起来，然后用一整张纸顺着折缝的边，从前面包到后面，并将每一页的折缝逐一粘在包纸的中缝部分，再装上硬的封面而成一册。二是包背装，即将书页的正面正折，版心向外，在页的右边打眼用绵性的纸捻订住。左边没有切口，只是下上裁切，右边裁齐后装背，书外用书衣绕背包装。

我国刻版书籍主要采用线装的装帧形式，在积页成册装订时，将印页以中缝折正，理齐书口，前后加封面，切齐毛边后打眼穿线即成。线装书是我国古代书籍装帧技术发展的最后阶段，后逐步为现代装订技术替代。

二、传统版式

传统版面的图文编排形式，一般有比较严格标准的格局，以便形成整体统一的风格。

（一）文字编排

传统版面一般以竖线为"界行"来确定行距，按字数自右而左地均等排列。

传统官府书院雕版刻本讲究雕镂精审，选字精刻，以宋刻本为例，字体分肥瘦两样，肥学颜，瘦仿欧柳。在正文与注文的编排上，以夹注的方式进行排列，即用小于正文的字号，均匀地分作两行，接在被解释的正文之后便于阅读。

（二）插图设计

我国传统的版面插图多以版画的形式，由于传统绘画以线描为造型特征，因此，传统的版画插图也以线刻为主，特别是以阳线来绘刻形象。官刻本的插图一般画工精到，故刻工也精，而民间刻本大多粗放简化，天真稚拙，有时难免有"笔误"。另外，官刻的插图多以绘画性为主，而民间刻印的插图则以图案性为特点，且插图多以插页形式和文字页装订成册。

（三）图文形式

传统版面的图文编排，一般以插页、活页或独幅的形式，用于年画、神像画、门笺、灯画、窗花、纸马、冥票、咒符、宗教经本、书籍等。这类版画都与民俗应用有直接的关系。岁时节庆、除旧迎新以烘托节日气氛，神灵佛道、巫术信仰以供奉摆供、祈求神灵保佑，农医畜牧以插画图解流传之便。图文结合的插图版面，多在插画的形象空隙处安插文字，文字的线与图形的线造型融合，便于识别读解，易于流传。

第八章　广告视觉立体设计

　　广告立体设计是一个相对的概念，它的界定是根据传统的设计分工，指的是广告中立体造型物的设计。对于广告设计来说，尽管大部分的设计对象是在二维平面的领域里，但仍有不少广告具有三维立体的形态，它们主要集中在四类广告形式之中，即DM广告、包装广告、POP广告和户外广告。按照传统的设计分工，不是所有的广告立体造型物都由广告设计师来完成。一般来说，广告设计师进行的立体物设计都有一个基本的特征，即这些立体物是建立在平面的基础之上。例如，包装的纸盒是一个立体的形态，但它是印刷在平面的纸张上，经过折叠、切割和黏合等方式成为立体物。三维造型设计中的立体物不可能真正在平面中被还原，比如雕塑，在平面上的形状只是三维的投影图。

　　根据这个基本的区分原则就可以判断广告设计师在立体设计中的工作范围了。例如，烟酒的纸盒包装属于广告设计师的工作，但酒瓶的形态则属于产品造型设计师的工作。本章主要讲述广告设计师工作范围内的立体设计。

第一节　邮寄广告设计

　　DM（Direct Mail advertising）是邮寄广告的英文缩写。即是以邮递的方式把宣传品送达消费者的一种广告形式。DM广告包括产品、服务内容的宣传品，同时，还用于各种直销业务，所以通常会在广告宣传品上加上反馈单、联系电话等。DM是针对销售和推广设计的促销广告，在形式特征和诉求方法让有其自身特点。

一、DM广告的特点

　　DM广告在现代市场营销的环境中有其独特的宣传作用，也备受消费者的喜爱。其基本特点可以归纳为以下几个方面。

（一）针对性

DM 广告采用直接投寄的方法，有针对性地对目标市场的具体受众进行无声推销，人们把它称为"印刷的推销员"。广告创意必须根据市场调查的结果，对一定阶层的消费者进行细分，瞄准对象挨户投递，开展推销产品、介绍使用、维修等服务。为了使广告做到实处，可以向消费者提供产品的目录和优惠、抽奖的信息，也可以向零售商提供具体的合作折扣和联系方法，提高零售商在销售中的灵活性和积极性。总之，DM 广告是将具体的广告信息指定投送给消费者，介绍产品和服务并向消费者直接表达承诺。DM 选投的对象是广告运作中要下功夫的地方，因为只有做到有的放矢，才能真正发挥出 DM 广告的功效。

（二）服务性

采用信函方式的 DM 广告，通常都投送给被登记在编的消费个人，一般以目录方式结集商品信息，使消费者定期能收到具体的产品资料和服务信息，省去购物时盲目寻找的麻烦以及不必要的奔波劳顿。

（三）沟通性

设计新颖、编排美观的形式能吸引消费者，使其产生对 DM 的好感。另外，DM 的广告信息是广告中最为细化且具体的，因而，在选用图文展开诉求时要特别注意，文案要尽可能口语化，图像应充分展示产品的魅力。总之，和蔼可亲的语气和新颖别致的形式容易达成与消费者的沟通，使 DM 广告直接成为与目标受众接触的有效促销方式。

二、DM 广告的类型

DM 是用来提供商品、服务信息并通过邮递直接发送的宣传品，样式繁多，但按照基本内容可分为以下三种：

（一）宣传单

宣传单多为独幅广告传单。但形式不只有单张，还有对折、三折等多种折叠方式，以推销商品或宣传品牌、企业形象为目的，邮寄给特定对象，广告到达率很高。

（二）宣传册

为多页装订的印刷品，页数由少到多不等。其内容丰富、形式精美。内容多为企业形象宣传、产品样本、商品销售目录等。

（三）请柬和贺卡

指为特定企业专门设计的请柬和贺卡。它的功用在于加强企业之间、企业与消费者、零售商之间的联系。请柬是企业在与社会各界交流中，如行业交流、产品展销等活动中常见的媒体形式。贺卡是利用节庆祝贺的习俗来加强联络的手段，能给节日增添喜庆的氛围，是一种人性化、亲情式的诉求手段。请柬和贺卡的设计在形式上追求新颖别致、巧妙新奇的装饰手法。

三、DM 广告设计基本原则

DM 广告的目的是以邮递的方式让消费者了解广告信息。这类广告在文字、图像和编排上均具有特殊的形式，在设计上也有具体的要求。

（一）文字内容

DM 广告的文案除了商品说明内容，亦偏重以问候方式的文字和语调来与消费者沟通，激发消费者的购买欲望。广告文案以商品介绍、服务介绍等为主，商品介绍和说明书大同小异。服务介绍和问候文是 DM 最主要的特点，应特别亲切、客气。文字多从口语化方面考虑，营造轻松而自由的氛围。还可结合传统风俗习惯，寻找根植于民族深层的文化内容加以发挥，逐步转移到心理、道德、美学、情趣等方面的诉求，利用感情交流，为企业树立可亲可信的形象。

（二）图形设计

DM 的插图设计通常带有娱乐性的特点，通过幽默诙谐的图形来引人注目，妙趣横生的 DM 总是更容易赢得消费者的好感。DM 的图形设计要求能激发人们的想象，侧重情感诉求的方式，其创意手法可以利用夸张、对比、比喻、巧合等，来提升广告的艺术品位和审美价值。但要说明的是，任何创意都不能脱离广告主题的诉求，无论诉求多么风趣，安排如何巧妙，都必须与表达商品使用和服务的功能相吻合。

DM 的图形设计另有一个最重要的特征是，它往往和纸型设计结合，利用纸张折叠、镂空、插接等产生的空间变化给图形带来动态变化的效果，为图形创意提供更多的表现空间。

（三）编排创意

DM 的编排艺术具有较多的自由表现空间，但是，若要发挥它自由表现的优势，设计者必须具备广泛的视觉经验及多方面的常识，这样才能产生独特的创意。

四、DM 广告纸型设计

DM 广告的形式非常灵活，不光只有单张对折、三折、多折等基本形式，还可以利用纸张的切割、折叠来产生立体化的效果，这才是 DM 广告纸型设计中最重要的部分。

（一）纸型设计的基本方法

DM 广告纸型设计的基本方法有折叠、模切、切割线折叠、开孔等。

折叠，是 DM 广告纸型设计中应用最广泛的方法，它的特点是不借助其他任何加工手段，仅凭折叠的方式产生。折叠的方法多种多样，有直线对折、菱形对折、多折式，以及一些其他的特殊折法等。

模切，是通过特殊的模型刀具对纸张的外部边缘进行特殊形的切割，产生不规则的边缘效果。有时，可以结合图形创意中图像的形状边缘来进行，如按照楼宇的外轮廓切割，是结合形象的切割。

切割线折叠，这种方式结合了折叠和模切的方法，特征是在纸张平面上设计有折叠线和切割线，切割线通常在纸张的内部而不是边缘，通过特殊的模型刀具切割，再按折叠线折叠。

（二）DM 广告纸型设计的基本类型

DM 广告纸型设计的类型基本上可以分为单张组合、多张组合、半立体、活动立体等。

（三）与图形设计结合的创意

DM 广告纸型设计的一个重要特点就是纸型的设计应该和功能、图形相结合，通过图形和纸型的联动，达到纯粹平面图形无法达到的效果。例如，通过"开窗"把不同页面的图形有机融合；通过移动或拉动把平面图形立体化；折叠隐藏部分图像，通过展开产生变化。

此外，DM 纸型设计还要注意印刷和纸张的选择。这就要求设计师必须熟练掌握印刷以及实际制作的技术。印刷的方式应该根据纸张的性质和设计的要求来确定。而纸张的选择不光要考虑图像的印刷效果、内容，还要考虑纸型的设计要求。一般来说，产品介绍类的 DM，尤其是多页的宣传册，印刷多采用铜版纸和哑粉纸，纸张较薄，重量较轻；而贺卡、请柬一类的设计，印刷时多选择特种艺术纸，强调纸面自然的纹理和色泽，给人一种特殊的视觉感和触摸感，纸张较厚也较重。另外，需要多次折叠的纸型通常选择较薄的纸张，需要切割、立体化的纸型则选择较厚的纸张。

第二节 包装广告设计

包装具有保护商品、便利运输、形象识别和促进销售的功能。包装本身就是广告宣传的载体，它是以文字、商标、形象、装饰以及造型等要素来进行商品宣传的。产品从货架展示效果到商品出售后的具体使用，广告信息也随之进入千家万户。

一、包装的特点

包装作为印刷媒体广告被广泛沿用至今，有其自身的特点。

（一）实用性

包装物首先具有可以保护商品的功能。从保护功能上讲，包装利用经济实用的材料来制作各类造型，采用塑料、玻璃、纸、金属等材料，制成瓶、罐、盒、箱等容器盛放包装商品，从而对商品在生产—运输—仓储—销售的各环节中起到保护、保质、保量的实用功能。其次，它可以提供商品的信息，包括产品的性能、使用的功效、注意事项等内容。例如，在瓶装商品的外表贴上标签或在纸包装上印刷文字与图形，能让人一眼就识别标志、品牌名称和特定的色彩；在不同的包装展面都印有产品具体的文字信息，包括有指导性、使用性、常识性的文字表述，供想知道更多内容的顾客了解。

（二）美观性

所谓"人要衣装，佛要金装"，同样，商品也要包装美观。精良的包装，尤其是外观的设计，产生的审美效果能提升商品的品位。包装的美观是不容忽视的，不管你在大众媒体中把广告做得如何美观，说得多么优越，具体在促销过程中，没有精良的包装，在同类商品相互竞争中是很容易失败的。

（三）展示性

包装是一种"无声叫卖"的促销方式。现代购物点的商品陈列，包装外观成为消费者选购商品的一个重要因素。零售商在重要的售货点和主要的展架上系统展示某产品，那么该产品就有先入为主的视觉效果，抢先吸引消费者的"眼球"，引起他们的兴趣和好感。

（四）促销性

欲使包装能帮助推销，其文字和图形应具有说明的功能，即利用立体的展面从品牌名、标志、图形、色彩等方面对产品形象展开说明，特别要用具体的文字说明产品的成分、结构、数量、出品和使用期限等，这能建立起产品品质的标准，便于在消费者心中树立良好的信誉。

二、包装广告设计基本原则

包装广告设计不同于平面广告设计，在立体形式上，它具有立体层面的结构关系，在广告信息内容诉求上，它又有着独特的方式。下面是设计包装广告应把握的原则：

（一）树立良好形象

好的包装总是能引起顾客的好感，同时，能够在人们一次次的购买、使用中，不断加深商品的品牌形象。因而，对于企业来说，注重商品的包装设计就是对商品形象最好的投资。

良好的品牌视觉形象是由鲜明的商标、商品名称和广告标语塑造的，在包装上保持这些要素的视觉统一性有助于树立公司形象、塑造品牌独特的个性。包装选用的图形、产品图像等要特别注意与品牌诉求的内容和形式相适应。设计者可以根据产品定位设计图形来表现主题，在设计上充分表现产品的内容和性质。如可以直接拍摄商品的外观作为包装上的主要图像，以达到包装、商品的同一化，令人产生内外一致的印象。同时，色彩具有突出的特质，使用时应多加斟酌。一般把企业形象识别的专用色贯穿到产品包装中去，在色彩上保持一致，这对于培养消费者的品牌识别、品牌认同非常有效。

（二）激发顾客的购买欲望

在同类商品的竞争中，商品的外观和包装起到很大的作用。包装能否激起顾客的购买欲是判断其优劣的标准。而引起消费者最直接注意的要素，首先是色彩要有鲜明的观感，其次是产品名、商标及图形，再次是包装的造型特征。以食品包装为例，橘色和绿色能引发消费者的购买欲。具体而客观的图片又能直接把食品的内在特质在包装上表露出来，增添商品的感性效果。如果还能在包装结构、材料等方面创新创异，必将使包装广告效果事半功倍。现代促销活动常以赠品吸引、酬谢消费者，在包装内、外附加赠品和新产品的样品，也是刺激和激励消费者的有效手段。

（三）提供足够的说明

生产厂家给消费者的产品说明，是厂商对消费者利益交付的承诺。要使这种承诺明确、具体，就必须有足够的说明文字。包装上的广告当然以突出注册商标和商品名称为首要任务，但对于产品的性能、用途、成分、数量、功效、须知、期限和条形码信息等也要提供足够的文字（包括数字）来说明。如果包装外表无法进行详尽、全面的说明，可以在包装盒内附上说明书。

（四）突出陈列和展示的视觉效果

包装的外观造型除了包装本身的使用功能，其独特的造型外形和鲜明的形象能利用陈列展示把信息传达给观众。有规律的视觉刺激才能引起顾客的注意，因此，同一品牌的系统产品，在包装上应强调风格的统一性，即对于系列包装来说，无论是包装的造型，还是图文表述的形式和色彩都必须高度统一。

现代包装与广告设计的视觉表现处理要求注重货架展示效果，这是衡量包装设计表现的又一把尺子。只有力求强化包装视觉表现的广告性，展示独特的亮点，才能避免被同类商品"淹没"的危险。展示货架是售物环境的"视觉场"，包装的货架效果无疑会影响销售效果。良好的形象、大胆的颜色、简洁的线条以及精美的包装，能抓住消费者的目光，使之在与同类商品的竞争中占有优势，具有最经济的广告效应。因此，设计者在包装设计中应注意产品包装的保护作用、美化作用和展示的广告效果，将三者贯穿于整个设计之中。另外，追求展示架的吸引力要维持视觉的共通性，要确保产品包装与品牌形象识别系统的专用色保持一贯性、统一性。

三、纸质包装结构设计

（一）包装的分类

对包装确定统一严格的分类很困难，从不同的角度去看包装，就会得到不同的分类。一般来说，包装从基本的形态来分类，可以分为运输包装（外包装）、次级包装（内包装）和基本包装（个包装）。从设计师的角度来说可以分为"工业包装"和"商业包装"。这样的分类尽管不是非常严格，但对辨别包装设计更有利。工业包装类同于运输包装，重点是保证商品在运输和储存过程中的安全性。商业包装包括内包装和外包装，它的重点不仅在安全性保护，更重要的是必须具备广告促销的功能。广告设计的主要工作集中在商业包装。

根据不同产品，商业包装又可分为三种：

豪华包装，经常用于高档产品所做的包装。在材料选用和设计上都体现出豪华的气派，在印刷中选用精致的纸张，并采用印金、印银、烫金、烫银、压纹等工艺。在设计上采用富有感性魅力的图像和精美的字体结构。这类包装除保护产品的功能外，主要是体现商品的品位，提升商品的附加值，使用完商品后，其包装往往还被人收藏观赏。

一般包装，是为商品保护和宣传所作的包装。一般从产品特征角度考虑材料选用，如液体产品可选用玻璃，也可选用塑料和金属制品容器。固体产品则可选用较厚的纸张制成盒、箱包装。利用包装直接印刷文字和图形，或用印有图文的纸贴装裱在包装物表面。这类包装一般拆包使用后即被丢弃，因此，设计制作时要降低成本，以减轻消费者负担。

零售包装，是方便顾客携带所作的包装，主要有厂家和零售商印制的塑料袋、包装纸、纸拎袋等。

（二）纸盒包装设计程序

纸盒包装是使用最广泛的一种包装形式，不同的商品，使用的材质和纸类均略有不同。一般形体较小、需要印制精美图案的包装纸盒多采用 300 克左右的白卡纸。如果纸盒较大，可采用两层白卡纸裱合使用，或采用白卡纸与白板纸黏合使用。纸盒成型一定要考虑纸的质地和性能，纸的厚度和硬度与实际盛放的产品有直接关系。选择厚度与硬度适宜的纸板，经过机器压线与折角处理方法，再经过糨糊黏接或打马针的方法固定成型；或利用纸盒本身的结构，靠纸张连接点相扣来固定成型。

纸盒结构必须先从外观上进行草图设计，把握直觉的外形特征，然后再绘制纸盒的平面图。在计算尺寸时，要考虑整个展开面所占用纸张的尺寸，尽量减少纸张的虚耗。纸盒展示图要按实物比例准确计算，实务经验提醒我们，纸板的厚度会影响盒面的实际尺寸，压线和折角的屈角，面与面用糨糊黏合的夹口部分以及盒盖的驳口等，都是需要考虑的因素。一个纸盒结构的设计先是制图，然后做纸板手样稿，再修改样稿，最后绘制精确尺寸的图纸，以便制作纸盒。

（三）纸盒包装结构设计

我们常见的纸盒包装不但形状不同，而且种类繁多，看起来杂乱无章，千头万绪。其实，从对象的基本结构出发，就很容易掌握设计的要领。尽管包装纸盒的结构是一体的，但是我们仍然可以从功能结构上来分类，它无非包括三个部分：盒盖、盒身与盒底。盒盖与盒底除了胶粘的方式，还有纸材之间的接体方式。

1．纸材基本接体方式

纸材的接体方式是指纸材之间不通过粘贴，而通过插接的形式结成一个整体。可以应用在盒体的任何部分。纸材接体的方式很多，主要包括叉、穿、钻（双形穿）、挂（倒穿）、套（双挂）、折（成挂）6种基本类型，以此为基础，产生单纯型、复合型、特殊型的变化。

2．盒盖与盒底结合方式

盒盖与盒底除了胶粘的方式，还可以利用纸张本身的弹性和摩擦原理形成结合的结构。应用时应注意间隙的宽度，留有一定的余地（取决于纸张的厚度），以免结合后变形。常用的结合方式有无缝扣接、开缝扣接、割缝扣接、破裂扣接、活页扣接和自封盒底等。

3．开封方式

传统的开封方式是利用摩擦的原理关闭、掀起或抽出盖子，随着市场的变化以及设计人性化的要求，纸盒的设计需要密封性更好、操作更简单的开封方式。常见的开封方式有：撕裂方式、半切方式、打齿痕方式以及拉链方式。

4．纸盒包装结构分类

按照纸盒的构造方法和结构特征，很容易归纳出几个基本的类别。

（1）一重式。所谓"一重式"，它的结构特点是只利用一张平面的卡纸，用一个驳口（粘胶封闭的地方）就能折出整个立体形的包装纸盒。这种类型的纸盒使用纸张面积最少，所以就开度而言，印刷拼版最为方便，也最经济。这种纸盒形状结构比较单纯，对纸张要求不高，所以应用也十分广泛。

（2）二重式。二重式的纸盒由两个分离的部分组成，即由内插的盒身、袖管或套盒组成。二重式纸盒对商品的保护性更好。例如，我们常见的手机、计算机主板、显卡等的包装，为加强保护大多采用这种形式：内盒用纸板或轻质瓦楞纸，无装饰；袖管或套盒用铜版纸或白板纸，印制精美的图案。此外，从视觉效果上来说，二重式盒形厚重，在商品的价值观念上容易给人较高档次的印象，但相对来说包装的成本也会增加，因此，高附加值的产品往往选择这种盒式。

（3）二重折纸式。它是在二重式的基本形上进一步发展起来的，二重折纸式的结构是用双重折纸组合，内盒的部分，盒壁为双层结构，固定是以褶扣的接体方式。在触觉和视觉上都显得较为精致，强度上更高，而且给人的印象也更为高级。缺点是加工处理的程序较多、制作较复杂，时间上不易控制。

（4）裱贴式。裱贴式包装的主要特点是用手工进行细致的裱贴工作，可以像工艺品那样，不受机械加工器械和基本型的限制，充分发挥形体的变化作用。裱贴的材料不仅可以是纸张，还可以是织锦、刺绣、皮革之类，所以在视觉和触觉上都给人高档次的感受，通常应用在工艺礼品、高档产品的包装上。当然，它的缺点在于生产速度慢、成本高昂，所以不利于大量生产。

（5）手提套装式。这种样式是在手提袋的思路上发展来的，目的在于配合促销的活动，在视觉上强调企业形象或产品品牌形象的宣传效果，在功能上强调便于携带。当商品陈列在货架上或被消费者携带时，其形象的宣传就成为活动的广告。多数以礼盒组合的形式出现。纸盒包装结构形式多样，适当的组合变化可以产生出无数新的形态，其结构形态不能一一列举。

第三节 销售广告设计

POP 广告，即销售点广告，是购买时所在地点的所有广告的总称。它不是从形式或功能角度的分类，所以从室内到室外，POP 广告具体的形式多种多样，有招牌、灯箱、展架、货架、购物袋、模特、气模、吊旗、海报和其他印刷品广告，甚至是橱窗广告、店堂整体陈设等。

POP 广告的作用日益突出，在大型自选性商场内，它充当"无声的导购员"的角色，也有人称它为"即时性广告"。它和商品一起陈列宣传，发挥了提示和介绍的劝说功能，直接引导消费者的注意和选购。尤其在购物场所的外部环境中，POP广告以其各种造型特征和丰富多彩的商品信息，吸引消费者的注意，营造人气兴旺的购物气氛来招徕顾客。

正如我们上面说的，POP广告具体的形式很多，有平面的广告，如吊旗、店堂内海报、贴纸等；也有立体形态的广告，如货柜、展架、橱窗、展示区甚至商店的整体室内设计等。但这些内容不是都能由广告设计师来完成，如展示设计以及商店的室内设计等都开设有专门的系科，国内通常是室内设计专业。作为一般的区分原则，小型的不涉及空间变化的广告形式由广告设计师完成，如具体的广告商品展示架等；而涉及空间变化、人员流动的则由室内设计师完成，如展示区、商场的室内设计。

一、广告展示品

广告展示品是为了"陈列""展示"产品所用的用具，包括我们通常所说的展架、展柜、陈列架等。它的目的是通过直接或暗示的心理手段，激发消费者产生购买商品的欲望。从功能角度来说，它是一种印象广告或PR（Public Relations）广告。广告展示品的种类、形式繁多，一般来说，可以分为悬挂式展示品、落地展示品和置于柜台上的展示品等。

不论何种形式的展示品在设计时都应该遵循以下原则：

（一）功能性原则

广告展示品自身也是一种商品，任何商品首先都应该满足其功能的需要，广告展示品自然也不例外。例如，广告展示品是用于纯粹的展示，还是需要兼具展示和仓储的功能，不同的目的对结构设计的要求自然不同。

（二）展示性原则

广告展示品是为了展示产品所用的，展示品的设计应该能够充分展示产品的特征，这是它的功能要求，产品应该能够被多角度、最大限度地观察。

（三）标识性原则

产品展示的目的是宣传产品，这就需要和产品的品牌或企业形象相结合。广告展示品自身也是一种广告，它的视觉形象要和企业形象相统一，把产品和企业连接在一起。例如，广告展示品的色彩使用企业标准色，上面设置企业的标志以及标志形象等。

（四）可装配性原则

POP 广告往往都是非永久性的，尤其是店堂内的广告，通常是配合促销活动进行，具有阶段性，会在较短的时间内更新。因此，广告展示品的设计应该考虑安装和拆卸的问题。固定的结构既不便于运输，而且很可能在安装地点留下难以恢复的痕迹。所以，广告展示品的设计应该更多地考虑使用预制的标准件和插接的结构，材料的质地应轻便、牢固。

（五）注意性原则

广告展示品本身应该起到 AIDMA（Attention、Interest、Desire Memory、Action，引起注意、产生兴趣、唤起欲望、留下记忆、购买行动）中的"引起注意"功能，不同于一般货架的呆板形式，所以造型设计应该强调新颖别致，以"奇"制胜，这样才能达到引人注目的目的。

二、购物袋

购物袋在以往通常被放在包装设计中来叙述，实际上，从广告传播的功能上分它应该属于 POP 广告的类型，毕竟购物袋不是商品包装中不可分割的部分，特别是现在日益激烈的商场竞争中，购物袋成为商店为消费者服务密不可分的部分，消费者提着印有商店名称或商品品牌的购物袋，自然而然地成为一种广告。

购物袋的设计影响消费者的心理，精美的购物袋可以吸引消费者把它作为一般收纳工具频繁使用，这就大大提高了购物袋广告传播的效率。购物袋的选材大致有两种：纸质购物袋和 PE 材料购物袋。早期购物袋多为纸质，现在 PE 材料由于重量轻、价格便宜、防水性能好、柔软坚韧等优点成为主要的制袋材料；但纸质购物袋由于质感好、印刷的表现能力优秀，在高档商品中仍然用得较多。

购物袋的结构设计相对简单，分成两个部分：袋身和拎手。由此购物袋可以分为袋身与拎手一体成型、袋身与拎手结构分离的类型。分离类型的购物袋拎手通常采用绳索或 PP 成型。

购物袋的基本结构形态，从袋身正面的形状分有长形、方形、扁形、背心形、V 字形和 A 字形；从底部形状分有方底型、尖底型和长方底型；以折边来分，有无折边、两侧折边和底部折边。此外，为了加强袋底的强度，有些购物袋会在这些位置加衬纸板。

三、橱窗广告

橱窗陈列从使用者的角度来说，有商场自身使用和厂商作为 POP 广告媒体向商场租用两种类型，其对设计的要求不同，产生的影响也不同。一般来说，商场自身使用的通常陈设的商品种类较多，目的性不强、主题不突出。而后者把它作为 POP 广告来看待，为了配合促销活动或宣传企业或品牌形象，其目的相当明确，一般产品类型集中，主题突出。广告设计以后者为主，但不论何种类型，其设计的基本原则大致类同。

（一）目的明确、主题突出

橱窗设计首要的一点就是形式与内容统一，要根据厂商经营的内容以产品为主进行陈设，切忌为了装饰而设计，使用大量不相干的装饰物。气氛的渲染、烘托是必需的，但不能喧宾夺主，干扰到广告产品。其次，创作广告的目的应明确，是为了宣传产品，还是为了宣传形象，目的不同，设计的重心也就不同。有了明确目的才能突出相应的主题，广告必须有相应的主题，广告信息才易于被消费者理解、接受。这一点对普通商场的橱窗陈设也是如此。

（二）风格统一、协调

橱窗的陈设风格必须和建筑风格相协调，因为橱窗广告是面向户外的，它会在整个建筑的大背景下被观察，因此必须注意建筑风格对橱窗设计的影响。此外，现代商业建筑的体量庞大，橱窗的数量、面积多，通常会由各厂商分别租用，相邻不同厂商的橱窗广告之间也要保持风格的相对统一、协调。

（三）"以少胜多"的美学原则

橱窗设计切忌烦琐、杂乱，因为橱窗的目的不是为了陈设商品，它更重要的功能是传达广告信息，从功能的角度分类属于"形象广告"。

（四）与广告媒介的配合

由于橱窗属于形象广告，纯粹由产品构成的橱窗陈设，信息的传达清晰度较低，所以应该和其他的广告媒介形式配合，尤其是印刷广告，文字信息传达的清晰度很高，所以全开度的海报也经常是橱窗设计的主角之一。

（五）善用色彩照明

随着城市夜生活时间的延长，商场夜间的营业时间也在延长，照明是橱窗设计中不可缺少的组成部分。橱窗的照明设计可以分为基本照明、重点照明和辅助照明。基本照明用于提供基本的用于观看的照度水平；重点照明用于对陈设品的照明，多选择点光源的金卤灯；辅助照明多用于渲染气氛，可以利用各种彩色的光源，如霓虹灯、氖灯等。在夜间环境中，彩色照明不仅可以用来渲染氛围，其自身也是参与造型的重要手段。

（六）推陈出新

橱窗设计也需要不断更新，这是广告的必然要求。因为消费者需要不断的新鲜刺激，广告的生命周期很短，橱窗广告也不能摆脱这个命运。时间一长，再好的橱窗设计也变得乏味了，当橱窗不再能产生足够多的新奇感时，就需要更新了。

第四节 户外广告设计

户外广告，是指在室外及公共场所向消费者传递信息的广告形式。目前世界上有 30 多种不同的户外广告媒介，还有更多的新型载具不断出现。

户外广告是人们使用最早的广告形式，它源于招贴广告。人类历史上每一种新媒介、新形式的广告传播，都能看出它是某种较早形式的继承和延伸，经过逐渐演变，才最后发展到完全独特的自身形态。这种变革和适应的连续性，我们可以从招贴广告、油漆手绘铁皮广告牌到现代电脑喷绘宝丽布广告、电子显示屏广告等复杂的演变过程中得到体会。广告主和广告经营者利用户外媒体，可以迅速不断地向消费者展示并传递简洁的广告信息和形象。因此，户外广告既是最为传统的广告形式，又是体现高科技的新兴媒体。

一、户外广告的特点

（一）区域性

户外广告在信息传播的覆盖面上虽然不如四大媒介高，但对于区域性的传播，却有很大的优势。户外广告的选择是根据广告促销策略来制定的，由于户外广告的形式比较灵活，在把握促销的时机，选择广告发布的范围和途径，采用何种媒体来完成等方面，都有很强的可选择性。如果在报纸、杂志上发布广告，它的影响在发行范围内其实是一样的，但户外广告的发布可以选择特定的城市、特定的街区，从这个角度讲，它的到达率会更高。

（二）时效性

所谓时效性指的是广告效果持续的时间。户外广告是全天候的媒介形式，不像电视广告那样只在特定的时间段播放，而且具有时间的限制。户外广告 24 小时都在，不但信息到达率高，而且可以反复显示，其频率也高于其他媒介。户外广告在高覆盖率下，不但可以让受众产生即时反应，还可以在多次信息重复后加深记忆，对受众产生长期的影响。

（三）展示性

在户外，能够迅速有效地传达广告信息，最理想的莫过于充分发挥彩色图像的效应。大型广告牌以展现大幅色彩鲜明的图像壮大声势，而户外陈列媒体，则以造型特征引人注目。

随着城市的拓展，与其相呼应的大型 T 字形广告牌在主要交通干道的两侧和高架桥口或收费站周围设置，甚至出现三面构造的框架设置，以便于受众多面观看，达到展示效果。另外，商业楼的玻璃幕墙广告，采用电脑喷绘技术，按幕墙玻璃大小分块拼贴，形成大面积墙面广告，其展示效果也令人振奋。

二、户外广告设计原则

户外广告媒体载具种类繁多，在设计时，应有严密的计划和周到的考虑。它与市场调查、分析、预测的活动有关，更要结合营销层面来制订图形、文案、色彩的宣传方案。户外广告设计不同于印刷媒介广告的设计，它包括形式多样的造型设计和广告画面的图文编排，尤其是户外广告制作工艺复杂，尽管一些灯箱造型和大型广告牌已有标准化的现成品，但是大量的广告造型仍有待设计开发。其次是广告画面设计，必须结合户外发布的特点，考虑到各种环境因素的影响。户外广告一般的设计原则主要体现在以下几个方面。

（一）画面视觉表现

1. 打造品牌形象

户外广告如 T 形广告牌、楼顶大型广告，尽管画面的面积很大，但绝对不能做较长的文字诉求。户外广告画面的诉求重在突出品牌形象，在设计上强调感性的图形表现，对产品形象或作凝练的图案化表达或用高精度的写实手法，做到以一当十，取代不必要的文案内容。比如，"西铁城"手表广告以高品质的产品摄影和品牌名称构成画面，既能显现产品自身的价值，又能满足视觉感受的审美需求。此外，鲜明的图形标志和品牌名称，也是必不可少的构成要素，它们独特的结构和色彩以凝练的风格向广大消费者传达一种品牌形象。

户外广告的主题表现，必须将特定的表现目标与鲜明的表现形式相结合。事前要有明确的诉求点，即对广告主题与产品、销售和服务等的状况、时机、目标等关系有明确的把握，这样，才能在广告信息传播中，做到视觉语言清晰，使人一目了然，如果主题不明确，表现形式也容易陷入盲目的罗列和堆积中去。一般说来，广告主题越鲜明，广告表现则越简洁。户外广告表现要以少胜多，少则精练，便于沟通；多则迷惑，造成误解。因而，通过图形创意进行直截了当的表现不失为一种有效的表现方法。这种视觉直观常能激励和诱导消费者产生对品牌的认同和偏爱。

2．把握情感诉求

生活中有这样的经验，幽默风趣的笑话、讲话时夸张的表情和动作往往令人经久难忘，这一道理同样也适用于视觉表现，即以情感诉求的手法，采用富有情趣的图像表现，使广告的静态画面有瞬间的吸引力，以情感的审美价值让人有想象回味的余地。

3．色彩表现

户外广告的色彩表现，要处理好共性与个性的关系，所谓共性是针对色相、明度、纯度等基本要素，来考虑版面的色彩面积、排列、和谐和对比等关系。但在户外广告设计中，这些一般性的概念是不能表现独特个性的。户外广告应强调独立的个性内涵，企业形象的设计为产品宣传制定的标准色，也具有发掘企业理念和产品品质个性的特点，当然这要以共同认识为基础。户外广告的色彩和色调应从企业制定的标准色或标准色系中选用和演化，不断焕发让人们产生合乎一定商业目的的感觉。因此，对色彩的规划、制约的整体把握，看似简洁单纯，却在广告传播中具有积极的作用。

此外，户外广告还具有其他广告形式不具备的特点——对光色的运用。由不同光源发出各种彩色的光线在夜幕中散发出耀眼而夺目的光芒，具有单纯而醒目的视觉传达功效。光线本身在户外广告中就是重要的造型手段，比如，霓虹灯就是利用光色营造迷人而又振奋的视觉效果。总的来说，灯光处理应强调其独特的艺术语言和风格，体现其美感、气氛和意境。

（二）造型设计

尽管造型问题不与广告信息传达的效应有直接的关系，但在户外广告媒体中，它具有很重要的作用。

1．功能性

户外广告的造型设计首先要满足功能的要求，造型的本身目的不是纯粹的装饰，比如灯箱广告，必须具备一定的厚度，至少在15cm以上（新技术可以使灯箱厚度变得更薄），因为灯箱内要安置照明器材，灯具和广告画面间必须保留一定的距离。当然，不同的媒介类型、功能对造型设计的要求也不同。

2．艺术性

户外媒体造型力求新颖大方，出奇制胜。仅仅满足基本功能并不能保证广告的效果，户外广告要传达信息，首要的是吸引人群的注意，优美、新颖的造型显然比千篇一律的形式更能吸引观众的眼球。但造型设计也不能为"美"而"美"，必须把形式与功能完美地结合，体现广告的创意，如麦当劳连锁店树立形象标志，以"M"标志进行双拱门的造型，运用的是"母亲的双乳"这一潜意识的暗示作用。

3．协调性

首先，户外广告媒体的造型应有和谐的比例关系。广告牌与柱身要合乎和谐的比例，广告牌被安置在一定的位置上，又与周围的环境产生一定的尺度关系，如城市绿化带广告牌的大小、高低均与马路的宽窄有关。

其次，户外广告媒体的造型应和建筑环境相协调。户外广告媒体直接安置在建筑表面，就成为建筑整体的一部分，作为一个后继的附加部分，不能不考虑它对建筑产生的影响。比如飞檐斗拱的仿古建筑，户外广告的形式也应该尽量选择传统的形象符号为设计元素。即使是单独设置的户外广告，也要考虑它和周边环境的协调。

（三）安全性设计

户外广告处在城市公共空间中，它的安全性对人们的生产、生活都有很大的影响，我国经济发达的东南沿海地区受台风等恶劣天气条件影响的时间较多，因此发生的广告伤害事件不在少数，所以对安全性的设计不容忽视。

户外广告的安全设计可以分为结构安全、电气安全、交通安全和接触安全。

结构安全是指户外广告的结构必须科学、合理，保证有足够的强度、牢度、耐腐蚀度等。

电气安全指户外广告的照明设施必须安全可靠。电气线路不得裸露，必须有安全保护措施和警示标志，不能发生诸如灯具爆裂、电气线路漏电、过载等问题。

交通安全是指户外广告不得影响交通、消防安全。例如，绿化带广告避免使用玻璃、不锈钢等材料，强日照条件下这种材料会产生眩光，影响驾驶安全；户外广告设置的位置不能影响驾驶视线；消防通道上方4米以内不得设置广告；等等。

接触安全指的是在人体和户外广告可能接触的活动范围内，不能对人体安全产生危害。这一点在造型的外观设计中比较明显，如公交车站台的落地灯箱广告造型，应该避免使用易碎材料，边框应使用导圆角或弧形造型以避免伤害等。

（四）照明设计

户外广告的照明首先需要考虑功能性照明。根据人体工程学中光对视觉感受的影响，从光源的照度、照度均匀度、光源的显色性、眩光指数与背景环境光等诸多因素对视觉反应的影响来处理灯光。同时，应重视照明的装饰作用，即装饰、环境渲染、人文价值体现等方面的精神功能，强调照明光产生的视觉环境的审美心理效果。

三、户外广告立体媒介分类设计

（一）T形广告

T形广告和墙面广告都属于大型广告，面积大，视觉冲击力强，但不利于细致地观看，所以比较适合形象宣传类广告，尤其适合宣传企业品牌形象，强调画面形象简洁、生动。

T形广告一般分为双面和三面两种类型，具体的选择要根据设置位置的具体环境来定：城市中心区边缘道路交叉的位置可设置三面类型，这样可以照顾到不同流向人群的观察角度；而高速公路两侧，由于车流固定为双向，所以大多设置双面的类型。它的制作，结构多为钢架结构，画面多采用宝丽布电脑写真喷绘技术。

在我们的印象中，T形广告似乎总是千篇一律的矩形看板，其实，造型设计也是T形广告创意表达的有力方式。虽然矩形看板仍然占主导地位，但现在的技术条件完全能够按要求进行量身定制，创作出针对性更强、更具个性化的T形广告，有着丰富的造型变化。这种非常规的T形广告现在越来越多，总的来说，创作时有两类基本的手法：一是在平面形上打破原有的矩形框限制，如破坏边缘、开窗等方法。二是采用立体和平面相结合的结构。这种手法的应用非常广泛，在平面中凸显立体的造型，能够给人带来奇异的视觉感受。

此外，非常重要的一点，T形广告、路牌之类大型广告的设计制作，还必须考虑到安全性的问题，在结构设计中应充分注意材料的选择，对强度、应力等的测算必须符合国家标准。

（二）灯箱广告设计

灯箱广告在白天、夜晚都同样适用，它的造型新颖、画面丰富、材料多样，是户外广告中比较理想的媒体之一。

灯箱广告是以聚酯材料、PVC材料等透光材料作为广告画面的，灯箱内安置日光灯或节能灯为光源。中小型灯箱广告常用即时贴或丝网印刷，如小批量生产的POP灯箱（一般印有专色品牌商标和名称的灯箱）。大型的灯箱广告用软透光底材，经热转印、喷绘或"电脑写真"等技术来制作广告画面。由于灯箱广告的画面是利用透光材料制作的，色彩经透光后非常鲜明，有很好的视觉效果，所以通常适宜表现饮料、食品、化妆品、酒品、钟表等产品。现在，很多透光片可以进行染色处理，直接压制成型，用来制作商店的门牌或企业的标志等。

现在，很多户外灯箱是由专门厂家设计制作生产的，包括立杆式造型灯箱、悬挂式灯箱、落地式灯箱等，广告经营者可以选购使用。但这些灯箱造型大多是一些常规的基本形态，如果希望广告造型更富新意、更具个性化，还需要自行设计。

灯箱广告是一种立体结构，由于功能结构和加工技术的限制，在立体的造型上不宜表现细微的形体变化。所以，灯箱的设计有两种基本的思路：一是平面浮雕化，二是体块化。前者可以表现较复杂的图像，而后者多为基本的几何形体组合。

如果希望表现细微精致的效果，为避开技术上的限制，可以采用一种变通的方法，即选择一些基本形态作为灯箱箱体，并不做复杂的造型变化（如矩形、菱形、圆形或椭圆形等），而是在灯箱的广告平面上寻求突破，以类似浅浮雕的形式来表现细微之处。由于要达到完全浮雕化的效果，必须按三维造型设计，模具的制造殊为不易，所以，在大多数情况下，往往只按图像的边缘轮廓进行压凸的处理。这类灯箱材料多为我们通常所说的亚克力，利用真空吸塑成型的方法制造而成，工艺较为复杂，生产成本较高，需要专门的厂家定制生产。

如果需要强调造型的变化，可以选择后者，即通过利用基本几何体的组合、变化，来生产较复杂的形体。这种方法需要更多地考虑结构和加工技术的问题。

（三）霓虹灯广告设计

随着城市建筑的发展，霓虹灯广告趋向大型化、多样化。霓虹灯广告由于光色强烈，加以光线交错、变幻生动，颇具吸引力。霓虹灯广告设计大多是在平面的基础上，但也有霓虹灯塔造型以及其他立体结构形式，后者多见于室内。

霓虹灯实际上是一种冷阴极辉光放电管，它的辐射光在空气中有极强的穿透能力，色彩鲜艳绚丽。这种细长的玻璃管具有很强的可塑性，几乎可以被加工弯制成任何几何形状，因此造型的表现以线形结构为特征，表现力丰富，尤其适合用来表现文字和图案。此外，通过电子程序控制，霓虹灯管还可以变换不同的色彩来丰富其色彩表现能力，在色彩的亮灭之间又体现出运动的特点。是目前任何其他电光源不能替代的。

霓虹灯广告的技术性要求很强，它的制作周期长、工序繁杂，必须融合创意、设计、造型、电气等各类专业人才才能成功地完成一个作品。因此对霓虹灯广告的设计必须建立在一系列严谨的技术分析之上，按照设定的目标、对象、规模、场地等进行创意，选择合适的器材设备以及造型应采用的制作方法，把创意表现具体化。

1．设置位置选择

位置的选择是霓虹灯广告首先需要考虑的方面，这不仅影响到广告的效果，也是影响创意设计的重要因素。我们可以从以下几个方面来选择和判断位置的价值。

①选择的位置是否有足够的交通流量和行人流量；

②选择的位置在人流视线方向上是否有障碍物；

③选择的位置是否符合人的视觉习惯，高度大小和预设的观看位置距离相适应；

④选择位置的周围环境照明如何，是否有其他广告存在，分布情况如何。

2．设计要点

和其他户外媒体相比，霓虹灯广告既有作为户外媒体的共通性，也具有很多自身特殊性。作为共性的一面，它应该遵循视觉传达的规律，遵循广告设计的原则，而个性的一面是如何发挥它自身的媒介特性并体现在创意设计中。所以，在设计中应注意以下原则。

①单纯、明确地传达广告内容。单纯、明确地传达广告内容是广告创意的一个共同的基本法则，在霓虹灯广告设计中这一点尤为突出。一则霓虹灯是利用灯管塑形表现的，它的技术特性决定它对视觉形象的控制必须单纯、明确，过于复杂的形象会使制作技术的难度呈几何倍数增加。二则霓虹灯广告的观察距离通常较远，琐碎的细节会消失在眩光的影响中，并不能起到应有的作用，单纯的形式反而容易形成强大的视觉冲击力。

②用尽量少的色管创造丰富的视觉效果。丰富的视觉效果并不意味着一定需要复杂的形式、色彩，几种简单的颜色依靠形式和色彩组合的变化同样可以创造丰富的视觉效果，何况霓虹灯还可以通过亮、灭来产生更为复杂的变化。从经济的角度来说，使用尽可能少的色管，不但可以节约成本，其安全性能的顾虑也会相应降低。因此，从设计的角度考虑去创造丰富的视觉效果要比依赖复杂的技术效率高得多。

③霓虹灯"点灭"之间的衔接问题以及节奏的把握。霓虹灯广告具有历时性，在一个时间段内完成，不同的时间段内霓虹灯所显示的形象不同，它通过霓虹灯"点灭"来完成，并由此产生动感，霓虹灯的动态循环变幻是广告节奏的具体表现，每整套动作的完成（一般在15秒左右）构成一个完整的广告形象。因此，点灭之间形象如何衔接、运动的节奏如何把握是设计考虑的核心问题。

④日间和夜晚的效果协调。尽管霓虹灯广告的特殊效果只体现在夜间，但日间广告依然存在，而且由于结构件外露，视觉效果受到很

大影响，因此在设计中必须充分考虑到日间的效果，可以通过轮廓形象、底板色彩和排管的形式来协调。

⑤色彩特性。霓虹灯因其技术和传播上的特点，设计师在运用霓虹灯色彩时，应该尽可能考虑到色谱波长的因素。波长的色彩在空气中的穿透能力强，对视觉的刺激程度高，容易引起注意；反之则弱。例如红色在夜间能够传递的距离最远，也最引人注意，紫色则正好相反。当然这并不是说在霓虹灯的设计中最好都用红色，色彩的使用应该符合设计创意的需要，但设计师在运用色彩时应充分考虑到这些光学性质，以修正对于一般配色习惯造成的偏差。

此外，霓虹灯广告还应考虑与建筑本身融为一体。以往的霓虹灯广告只是与门面装饰相结合，营造热闹的购物气息；而今，楼顶霓虹灯广告已与整个建筑的外轮廓相协调，在夜空中提供了更广阔的想象空间。

（四）气体模型广告设计

气体模型广告简称"气模"广告，它出现的历史相对较短，早期的气模广告又叫"气球"广告，因为它主要是用氢气填充，用绳索固定在地面，在球体上设置广告文字或是悬挂广告标语。由于它的安全性较差，受天气条件影响，所以现在很少使用。现在的气模广告有了很大的改进，基本上由两个部分构成，一是用防雨布或其他尼龙材料制作立体造型，二是底部连接模型的压缩鼓风设备。由于使用的气体是普通空气，所以安全性很好。

气模广告又属于POP广告的类型，大多是结合促销、宣传活动应用，颜色单纯、艳丽，在销售或宣传活动的现场有强烈的视觉效果。气模广告的造型丰富，从简单的圆柱、拱门到产品模型甚至是复杂的卡通吉祥物，可以根据企业的需要进行定制，由专门的厂家生产。它的制作方法有些类似服装裁剪，在设计时画成片状裁剪图，然后进行缝合。所以，它的颜色、图形可以通过不同颜色布匹来拼缀。当然，这只限于块状的单纯色彩，复杂的广告文字或图像则可以通过丝网印刷的方式解决。

气模广告还能适当表现动感的效果，方法是通过在运动位置的顶端预留大小适当的出气口。在压力作用下，气流的运动带动模型局部运动。当然，这需要空气压缩设备持续补充气体。如手臂可以舞动的气模。

（五）其他户外陈列媒体和辅助媒体

户外陈列媒体和辅助媒体，包括落地陈列、岛形展示和微型立体景观、伸拉展架、折叠展架、组合展板、伸缩旗杆等，都适用于户外搭建和展示，成为销售推广活动中临时性的广告媒体。具体操作时，要根据预计的展示频率以及展示配置来灵活运用，特别对展区的空间大小与位置、陈列的整体效果，运输、安装与拆卸、费用等因素要做全面的策划。

作为配合促销活动、文化、体育活动等展开的即时性广告宣传媒介，大部分展示道具已有专业厂家设计制作、批量生产，广告经营者可任意选用并不断发现新生的替代媒介。

参考文献

[1] 杨明．新媒体广告艺术设计与传播［M］．哈尔滨：东北林业大学出版社，2023.

[2] 王朝阳，曹静．数字媒介视觉设计与传播［M］．武汉：武汉大学出版社，2023.

[3] 鲍立泉．新媒体广告［M］．北京：高等教育出版社，2023.

[4] 秦宇新．广告设计与创意［M］．北京：清华大学出版社，2023.

[5] 王伟明，赵丁丁．广告视觉设计［M］．苏州：苏州大学出版社，2007.

[6] 朱健强，陈培爱．平面广告视觉设计［M］．厦门：厦门大学出版社，2010.

[7] 陈原川．视觉设计基础［M］．杭州：中国美术学院出版社，2019.

[8] 陈佳，黄克勤．广告设计概论［M］．成都：电子科技大学出版社，2016.

[9] 吴婷婷．视觉传达设计［M］．北京：科学技术文献出版社，2016.

[10] 李鸿明，赵天华．视觉传达设计[M].成都：电子科技大学出版社，2016.

[11] 涂小琼．广告学全书［M］．北京：中国社会出版社，2005.

[12] 邱颖．现代广告学［M］．北京：中国财政经济出版社，2011.

[13] 舒咏平．广告创意思维教程［M］．上海：复旦大学出版社，2009.

[14] 张勤．广告理论与实务［M］．北京：科学出版社，2006.

[15] 余明阳，陈先红．广告策划创意学[M].上海：复旦大学出版社，2004.

［16］王健．广告创意教程［M］．北京：北京大学出版社，2004．

［17］王中义，王贤庆，黎泽潮．广告创意思维［M］．合肥：合肥工业大学出版社，2005．

［18］姚惠忠．公共关系理论与实务［M］．北京：北京大学出版社，2011．

［19］张惠辛，马中红．广告策划创意［M］．上海：上海画报出版社，2006．

［20］陈培爱．广告策划与策划书撰写［M］．厦门：厦门大学出版社，2001．

［21］张翔，罗洪程．广告策划：基于营销的广告思维架构［M］．长沙：中南大学出版社，2003．

［22］马中红．广告策划与广告文案创作［M］．苏州：苏州大学出版社，1998．

［23］苗杰．现代广告学［M］．北京：中国人民大学出版社，2015．

［24］严学军，汪涛．广告策划与管理［M］．北京：高等教育出版社，2015．

［25］潘向光．现代广告学［M］．杭州：浙江大学出版社，1996．

［26］白雪竹，李颜妮．互动艺术创新思维［M］．北京：中国轻工业出版社，2007．

［27］曹金明，李华卫，赵文琰．广告设计［M］．武汉：华中科技大学出版社，2008．

［28］陈澜．插图的世界［M］．上海：上海文化出版社，2008．

［29］丁力．平面设计基础［M］．天津：天津大学出版社，2009．

［30］李京姬，金润京，金爱京．形象设计［M］．北京：中国纺织出版社，2007．

［31］贾荣林．平面广告设计［M］．北京：中国纺织出版社，2006．

［32］卢小雁，丁建辉．广告设计基础［M］．杭州：浙江大学出版社，2004．

［33］牟跃．广告设计［M］．北京：知识产权出版社，2006．

［34］宋妍．广告设计艺术［M］．长沙：中南大学出版社，2006．

［35］滕学祥．招贴广告［M］．济南：山东美术出版社，2004．